书山有路勤为径,优质资源伴你行
注册世纪波学院会员,享精品图书增值服务

THE WELLBEING BOOK

50 WAYS TO MASTER YOUR MIND, BOOST YOUR BODY AND SUPERCHARGE YOUR SOUL

职业幸福书

50种增强精力和管理压力的方法

[英] 安德鲁·沙曼（Andrew Sharman）著
陈秋萍 译

电子工业出版社
Publishing House of Electronics Industry
北京·BEIJING

The Wellbeing Book：50 Ways to Master Your Mind, Boost Your Body and Supercharge Your Soul
© Andrew Sharman, 2019
© LID Publishing Limited, 2019
Simplified Chinese translation edition copyright © 2021 by Publishing House of Electronics Industry.
All rights reserved.
Copyright licensed by LID Publishing Limited arranged with Andrew Nurnberg Associates International Limited

本书简体中文字版经由LID Publishing Limited授权电子工业出版社独家出版发行。未经书面许可，不得以任何方式抄袭、复制或节录本书中的任何内容。

版权贸易合同登记号　图字：01-2020-3567

图书在版编目（CIP）数据

职业幸福书：50种增强精力和管理压力的方法／（英）安德鲁·沙曼（Andrew Sharman）著；陈秋萍译. —北京：电子工业出版社，2021.9
书名原文：The Wellbeing Book: 50 Ways to Master Your Mind, Boost Your Body and Supercharge Your Soul
ISBN 978-7-121-41705-4

Ⅰ.①职… Ⅱ.①安… ②陈… Ⅲ.①自我管理－通俗读物 Ⅳ.① C912.1-49

中国版本图书馆 CIP 数据核字（2021）第 153762 号

责任编辑：杨洪军
印　　刷：中国电影出版社印刷厂
装　　订：中国电影出版社印刷厂
出版发行：电子工业出版社
　　　　　北京市海淀区万寿路173信箱　邮编100036
开　　本：880×1230　1/32　印张：6.25　字数：160千字
版　　次：2021年9月第1版
印　　次：2021年9月第1次印刷
定　　价：55.00元

凡所购买电子工业出版社图书有缺损问题，请向购买书店调换。若书店售缺，请与本社发行部联系，联系及邮购电话：（010）88254888，88258888。
质量投诉请发邮件至zlts@phei.com.cn，盗版侵权举报请发邮件至dbqq@phei.com.cn。
本书咨询联系方式：（010）88254199，sjb@phei.com.cn。

赞誉 PRAISE

安德鲁是改善工作场所的专家，我们都应该听取他的建议！这样不仅你会感觉心情更好，你的员工也会更快乐，所做业务的利润也会更高。

——David Watt，董事协会执行董事

这本书没有提很多要做的、不要做的、必须做的、应该做的事，也没有给你列一份长长的清单让你去做上面的事。它只是通过提出正确的问题，引导你关注自己的健康。安德鲁并没有要求你攀登艰难的山峰，而是在一个有趣的花园里给你当向导，而这个花园就是你。我要给你一个具有指导性的建议：买下这本书，每天阅读一章，并拿出三分钟的时间不受干扰地进行思考。如果你在工作上投入的时间和精力多于对自己健康的投入，

那么你就不应该对你的工作要比你自己的身体更好这一点感到惊讶。

——Theo Compernolle教授，神经精神科医生和《束缚和压力：朋友与敌人》一书的作者

这是一本非常精彩的小书——它简单易读、实用、充满想法。这也是一本很有用的自助书——对任何人来说都应该读一读。

——Dom Jackman，逃离城市（Escape the City）创始人

安德鲁在践行并帮助许多人提高其领导力之后，发现有一点变得越来越明显，即所有人的感受与表现之间存在直接关联。健康和幸福的方法听起来很合理，也没什么好争论的，但我们很多人并没有真正地练习和实践它。安德鲁用他这本书使幸福的艺术和科学变得实用、有趣和轻松。你只需读一次就可以了解它的所有要点，这种简单的方法能改变你的生活和你爱的人的生活，因此你要

赞誉

反复读它。所有热爱生活的人都应该读一读。

——René Carayol MBE，广播员、专栏作家、*Corporate Voodoo* 和 *Spike* 的作者

这是一本意义非凡的书——它彻底改变了动力与影响的游戏规则。它为实现我们最重要的目标和个人幸福，以及终生的满足感提供了实用且具有可操作性的建议。

——Philippe Delquié，美国乔治华盛顿大学决策科学教授

这本书提供了一张路线图，帮助你以从未敢想过的方式改变你的生活。如果你想从单纯地活着变成真正地生活，那么可以从阅读本书开始。安德鲁的语言跃然纸上，它能够鞭策你，唤醒你的思想，带你进入自己设计的宏伟旅途。做好被它改变的准备吧！

——Lucy Rattrie博士，专门研究健康、幸福与韧性的特许心理学家

你很快就能读完这本书，但它的影响力却很大。它列举了一些令人信服的事和相关背景，帮助你理解和改善自己的幸福。

——Jens Meyer博士，法国枫丹白露欧洲高管发展中心主任兼欧洲工商管理学院主任

这本书为忙碌的专业人士提供了幸福方面的简单而实用的建议。我不建议你在本书中寻找可以立即改善你生活的内容。这本书简短、活泼、有理有据，提供了许多操作性强的建议。我自己也是幸福方面的专业人士，我仍然发现自己在读完本书后也有了大量想在自己生活中进行实践的想法。现在就给自己买这本书吧！

——Hari Kalymnios，*Thought Gym*的作者

这本书充满了智慧，给人以启发和实用的想法，所有这些都源于突破性的研究。安德鲁的积极策略拥有巨大的力量，它将改变你看待自己、生活、工作和世界的方式。所有人都应该读一读这本书。

——Sam Abadir，瑞士洛桑IMD商学院谈判与冲突管理学教授

赞誉

这本书信息丰富，风格务实、可亲，它将与幸福这个重要主题相关的大量信息精简地提炼出来，只关注最基本的信息，不仅适合忙碌的专业人士，而且适合每一个有兴趣充分利用时间的人。每个人都应该读一读！

——Dave Stevenson，培生集团健康与安全全球总监

幸福不仅是个人的，也是整个社会的。通过发展主体幸福感，我们可以对社区产生巨大的积极影响，安德鲁的这本有见地且实用的书将帮助我们做到这一点。

——Steven D'Souza，牛津大学副研究员、《不知道与不去做》的合著者

前言 INTRODUCTION

你感觉如何

我所在的是一家主营咨询、培训和教练等业务的公司,作为公司首席执行官,我很幸运能够在遍布全球的100多个国家和地区工作,同世界上最受尊敬的公司与数千名管理者,以及领导人进行合作。作为欧洲精英商学院领导力和组织文化的一名教授,我给那些最聪明、穿着考究的人上课。

对每个人我都问一个相同的问题:"你感觉如何?"

我得到的回答,很少有超出粗略的"还好"这个范围的。通常我得到的都是简单、沉默的微笑。我的问题被当成了陈述句而不是疑问句。

在世界各地,即使有各种文化差异的存在,我都受到了同样的对待。英国人会用僵硬的上唇发出一个简洁的"好"字来回应。在南非,"怎么样(Howzit)"现在

被视为"你好（Hello）"的同义词。在美国，一句温暖的"你现在怎么样"，得到的回答会是简短的"嘿"或"你好"。而在亚洲，这样的询问也可能被认为太私人化了而得不到回答。

有了成千上万这种微实验，我现在得出结论：要么人们不喜欢被问他们感觉如何，要么答案会令人不安，即人们实际上不知道自己感觉如何。

健康的公民对任何国家都是最好的资产

1943年3月21日，温斯顿·丘吉尔总理在阐述他的英国四年计划时，说了上面这句话，他利用这个机会强调健康、力量和活力对一个正处于重大变革时期的国家的重要性。丘吉尔的话，即使在今天也仍然和当年一样重要。

由于我们的生活越来越忙，工作和休闲之间的界限越来越模糊，我们花在思考自己应该做什么的时间越来越少。这种快节奏的生活导致了"疾病"的大流行：从普遍的疲倦和"感觉不舒服"，到长时间的疾病、嗜睡，以及压力、抑郁和心理健康问题剧增。

这种现象反映了什么？它反映的是我们的生活方式、我们所做的事情，以及我们是什么样的人。

前言

尽管我们知道吸烟、酗酒、饮食和运动对健康和幸福状况的影响非常大,但我们似乎无法做出好的改变。

我们生活和工作的这个世界,人口在不断地增长。现在世界人口超过了70亿,而且专家预测到2050年,人口将增至100亿。人类的整体寿命会更长,同时工作年限也会更长。许多国家的退休年龄已经延长,我们大多数人(除非有人中了彩票)可能要工作到70岁,甚至可能到80岁。

所以,这本小书的真正目的是让头脑、身体和心灵回归平衡与一致,帮助你用简单的方法去引导生活、增强精力、促进健康、缓解压力,在这个星球上过得更快乐、更长久和更充实。

我将跳过科学研究,指导你完成50种掌控头脑、强健身体和充实心灵的方法。当你读完本书时,我希望你会发现,过上幸福的生活并不难,并且希望你会觉得本书分享的一些想法是值得一试的。

你准备好了吗?

那么来吧,让我们开始吧!

安德鲁·沙曼

2018年9月于瑞士

如何使用本书

我知道你会阅读本书,因为你手里已经拿着它了。但是,你在实际阅读这本书时可能有几种不同的方式。

首先,你可以像读一本普通的书一样,从书的第一页开始,一直读完。

或者,你可能有特定的兴趣,只想专注于某一个章节,那也很好。

或者,你可以读50天,每天读一个方法,并尝试你每天读到的那个相关活动。

又或者,你可以将这些方法混在一起,然后随意地阅读。这些文章并没有特定的正式顺序,所以你可以自由地确定阅读顺序。

读这本书实际上并没有什么规则——毕竟这是你的书!无论你选择用哪种方式来读它,都好好享受它吧,因为生命太短暂了!

据说,美国作家马克·吐温说过:"取得进展的秘诀

就是开始。开始的秘诀就是将复杂而繁重的任务分解为较小的可管理的任务,然后从第一个开始。"

那么,你将从哪里开始呢?

目录 CONTENTS

第一部　幸福　/ 001

　　关于幸福　/ 002

　　1. 幸福究竟是什么　/ 004

　　2. 从为什么开始　/ 007

　　3. 工作中的幸福　/ 011

　　4. 停下来!　/ 016

第二部　头脑　/ 019

　　关于头脑　/ 020

　　5. 先说说咖啡　/ 025

　　6. 集中注意力　/ 028

　　7. 感受身体的发热　/ 031

　　8. 关机、静音　/ 034

9. 专注于当下 / 037

10. 关注小事 / 040

11. 分离的程度 / 044

12. 数字排毒 / 047

13. 前向思考 / 050

14. 感恩 / 053

15. 抛锚! / 056

16. 听音乐 / 058

17. 旧习惯 / 061

18. 从最难的开始 / 064

19. 摔东西的时间 / 066

第三部 身体 / 070

关于身体 / 071

20. 尖叫声 / 074

21. 做梦 / 076

22. 走出去 / 080

23. 瑜伽呼吸 / 083

24. 到户外去 / 086

25. 健身自古有之 / 090

26. 饮料问题 / 093

27. 不要浪费你的呼吸 / 096

28. 由水组成的身体 / 099

29. 食品 / 101

30. 运动 / 104

31. 休息 / 107

32. 睡眠之美 / 111

33. 喝水的重要性 / 113

34. 如何长生不老 / 116

第四部 心灵 / 121

关于心灵 / 122

35. 好奇的大脑 / 125

36. 倾听 / 130

37. 助人为乐 / 132

38. 在恐惧中生活 / 135

39. 我要成为……样的人 / 138

40. 一个人的孤岛 / 141

41. 真的很饿的毛毛虫 / 145

42. 迷走神经里发生了什么 / 149

43. 生活是一张白纸 / 151

44. 快乐优势 / 153

45. 联系 / 157

46. 使命：直觉 / 160

47. 关系网的支持 / 163

48. 高山 / 166

49. 一切都取决于我们 / 169

50. 死亡 / 172

结语 / 177

50种方法之外 / 178

还没结束 / 180

活着 / 180

第一部

幸福

 职业幸福书

关于幸福

1948年,世界卫生组织制定了《宪章》,并将"健康"定义为:"不仅是身体没有疾病或虚弱,而是一种在身体上、精神上和社会上的良好状态。"

这一定义为未来在工作中和整个社会中进行关于健康的对话和行动奠定了坚实的基础。除此之外,它向世界介绍了"幸福"(wellbeing)的概念。

除了本书前言中提到的那些罪魁祸首,世界卫生组织认为,未来对我们的健康、生活和个人效率的满意度的几个影响因素中,风险最大的当属心境恶劣(dysthymia)。你可以猜猜什么是心境恶劣。

心境恶劣常被定义为能量急剧且明显地丧失,它破坏了宝贵的社会关系,引起了人们的自我怀疑,降低了我们的幸福感和满足感,使我们陷入轻度而慢性的抑郁

状态。

心境恶劣是由我们的生活方式直接导致的。据说，它影响了超过2亿人。不过，有个好消息是，心境恶劣是可以治疗的。真正的好消息是，它是可以治愈的！还有更好的消息，那就是本书将分享50种帮助你击败它的方法。

在知识时代，我们知道应该怎么做才能使自己更幸福。然而，即使拥有正确的技能、知识和行为，如果我们没有精力，那么就如同电池没电了一样，我们的光和力量也会很微弱。

那么，我们该如何给电池充电？电源是什么？是我们的幸福——身体健康、情感健康和心理健康，目标感，以及生命的意义。

1. 幸福究竟是什么

如今,对"幸福"的一个常见的定义是"综合衡量自我感觉有多良好,以及感到自己有多少能力应对生活带来的一切"。

虽然很难对"幸福"做出一种人人都赞同的定义,但学者们在研究上仍有一些共识,即幸福至少包括拥有积极的情感和情绪(如幸福感和自豪感)、没有负面情绪(如焦虑和抑郁),以及对生活具有满足感。

简单来说,幸福就是我们有多快乐、多满足、多舒适和多满意;当然,这是个人且主观的感受——所有感受都是关于自己的。

我们的幸福是动态的，因为它时刻在变化，每天、每月甚至每年都在变化。

研究表明，幸福直接影响我们的生活质量，并且它与寿命、健康行为、心理和身体疾病，以及效率息息相关。幸福水平高，患病和受伤的风险就会低。幸福水平高的人具有更强的免疫系统，能更快地从疾病和受伤中恢复过来，能够为社区做出更多贡献，他们的工作效率也更高，所以这样的人往往活得更长久也更快乐。

那么，哪些因素会影响我们的幸福水平呢？

基因发挥了作用。有证据表明，人类可以从父母那里继承部分幸福。但是，人类居住的地方、从事的工作，赚的、花的和存的钱，与朋友、家人和其他人的关系，以及饮食习惯和运动，都发挥着重要的作用。

由于幸福是个人且主观的感受，因此它通常是由调查问卷等自我检测工具来度量的。做做下面的练习，看看你现在的幸福状况。

诚实且轻松快速地根据你的直觉回答问题，用1（低）到5（高）的分数来回答。

(1)你现在感觉如何?

1　2　3　4　5

(2)在过去的30天里,你有多高兴?

1　2　3　4　5

(3)你觉得自己的生活有意义吗?

1　2　3　4　5

(4)你是否觉得自己有足够的情感和社交能力来维持你现在的生活?

1　2　3　4　5

(5)你对自己现在的生活有多满意?

1　2　3　4　5

请记住,幸福是主观且不断变化的。通过这个小小的练习就可以快速了解你现在的情况。这不是科学研究,所以不要过多地关注实际分数;而要用这个练习来思考你可以在哪些方面提升幸福感。然后继续阅读!

稍后你可以再回来看这些问题,你也可以在阅读过程中记住你的分数,通过回答重点阅读关于你的部分。

2. 从为什么开始

西蒙·斯涅克在他的畅销书《从为什么开始》里和无数人看过的TED演讲中都解释了为什么有些人明显更具创造力、开拓性，也更成功。我不想在这里多透露，但他认为，这是因为这些人从"为什么"开始。

虽然斯涅克的书是针对组织领导者的，但当我们考虑健康问题时，他的文章也适用于个人。我们后面会讲到这一点，首先我们来了解一下他的观点。

斯涅克认为，大多数人都知道该怎么做——公司有能力描述本单位所生产的产品，工人也能够阐述自己的工作职能。组织知道如何生产产品或提供服务，他们对此有一定的独特卖点或价值主张，从而使他们生产的产

品或提供的服务在竞争者中脱颖而出。

但是,对于斯涅克来说,他认为这其中缺少了一个细节,那就是"为什么"。他认为今天大多数组织和领导者不能清楚地阐明他们为什么做自己所做的事情。

现在,我们从商业行为转向本书的主题。你很可能知道该怎么做才能让自己更幸福(吃好点、少喝酒、多喝水、花更多时间与家人和朋友在一起、找一位生活教练、看心理医生、去教堂、旅行、举办聚会等),而且你很可能也很清楚该如何做这些事。但是,你真的清楚为什么吗?

斯涅克介绍了他所谓的"黄金圈"概念,这个概念受"黄金比例"的启发而得来——一种令建筑师、艺术家、科学家、自然主义者以及其他许多人欣喜若狂的数学关系。达·芬奇认为,黄金比例提供了一种比例和美的公式。法老王用它来建造金字塔,百事可乐也坚持在其经典徽标设计中使用它。

黄金圈的概念比复杂的计算要简单得多——斯涅克主张我们必须从内圈开始向外圈进行思考,我们必须从"为什么"开始,再去思考其他相关问题。

第一部 幸福

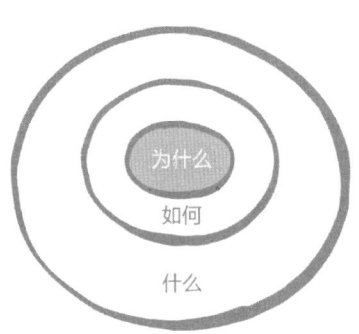

在本书中，我们将探讨"为什么"和"怎么做"。现在，为了从正确的方向开始，我们将如斯涅克所说先关注"为什么"。请你尽量诚实而简洁地回答以下问题：

你为什么拿起这本书？

_____

_____

_____

为什么幸福这种感觉对你很重要？

_____

_____

_____

你为什么要读完这本书？

3. 工作中的幸福

大多数人一生大部分时间都在工作。因此,考虑工作将如何影响我们的幸福是有意义的。

无论我们是公司老板、高级经理还是普通员工,可以确定的是:工作会影响我们的幸福,我们的幸福也会影响工作。

英国就业和养老金部(Department for Work and Pensions,DWP)发布了一份报告:英国的职场人士面临着巨大的职场心理健康挑战。该报告显示,当今工作的人当中有15%的人有精神健康问题的症状。每年大约有30万长期有心理健康问题的人失去工作,这一比例比

有身体健康问题的人失去工作的比例要高得多。

DWP的报告显示，精神健康状况不佳给英国的企业和整体经济造成了巨大的损失。心理健康状况不佳每年给雇主造成330亿~420亿英镑的成本，给英国经济造成的损失则达740亿~990亿英镑。

在英国，每年因疾病缺勤而损失的工作时间为1.31亿个工作日——平均每个工作者将近五天。其中，因肌肉和骨骼问题（如背部和关节疼痛）、咳嗽和感冒、压力、焦虑和抑郁而造成的缺勤占这些天数的一半以上。

四分之一的英国工作者有持续一年以上的身体健康问题，八分之一的人报告了心理健康问题。

当前有健康问题的人当中，有近50%的员工感到这些问题会影响他们的工作能力。领导力与管理学研究所的报告的结论是，只有五分之二的员工能够达到他们最佳的工作表现水平。

这样的调查结果表明，我们的工作方式行不通。

英国前首相戴维·卡梅伦在任职期间发表了一次讲话，暗示生活不只有工作，我们不仅要关注国民生产总值，也要关注国民整体幸福。此后不久，联合国大会呼吁各成员方在衡量社会和经济发展时更多地关注民众的健康和幸福水平。

尽管研究倾向于避开精确量化投资回报率，但许多公司的案例研究表明，考虑员工幸福的公司所获得的回报更高。

现在，越来越多的组织开始理解工作中的幸福感能够：

- 提高工作的动力和效率。快乐而健康的劳动者有更多的精力，并且身体和精神上的表现都更好。他们也因此在工作中更加警觉、专注和高效。

- 提升士气并促进团队合作。促进幸福的活动给人们提供了与周围有共同目标或兴趣的人进行互动的机会，有助于促进友谊和培养团队精神。

- 减少压力和与工作相关的压力感。信息超载一直存在，世界变得越来越小，工作的节奏越来越快，提升幸福感将帮助我们管理压力并增强韧性。

工作中的幸福不仅是一碗水果或一个低价的健身房

会员资格（尽管这些可能有所帮助）。为了取得平衡，组织需要考虑它们如何影响劳动者的情绪、身心健康与幸福。但是，个人也需要承担责任——这大概就是你选择阅读本书的原因。

这样的方法无穷无尽，包括正念训练、休闲空间、开放式办公室和协作空间等。社区志愿服务、健康午餐俱乐部和步行会议，都能提高团队之间的凝聚力和互动性。公司内部的健身房或瑜伽房、专用的步道或步道，以及骑自行车上班等项目，都有助于促进身体健康。同样，远程工作和灵活的工作时间都有助于提高心理素质、创造性思维和提升自己能掌控生活的感觉。

当然，工作中的幸福感取决于什么样的活动让你感觉合适、适合组织文化，以及能吸引员工。让我们仔细地考虑一下：

- 你的雇主对你的幸福感有多重视？你觉得有很多活动可以帮助你每天以最佳水平工作吗？如果没有，有哪些事情是你希望看到的？现在是时候向你的老板提建议了！

- 如果你在工作中承担管理工作或领导团队工作，你认为你的员工的幸福感如何？如果让你的团队成员来回答上一章中的问题，结果会是什么样的？

- 你在工作中有哪些机会可以提高团队士气、促进团队合作、减少与工作相关的潜在压力呢？

4. 停下来!

到目前为止,我们已经在本书中讨论了健康的重要性和幸福的概念,并探讨了影响我们在生活中获得快乐、健康、舒适和满意等情绪的多种因素。

你还弄清楚了为什么这很重要。这是很好的开始!

但是在你进一步阅读本书之前,在我们开始讲"什么"和"如何"之前,甚至在你翻到下一页之前,希望你先停下来。

现在花点时间给自己,接下来的这些问题会对你的幸福进行一些更深入的检查。

请你尽可能准确地回答每个问题。

即使只回答一个字,也可以。

不过,在你写任何东西,甚至在你的笔接触到纸之前,请你花60秒的时间充分考虑每个问题。现在开始计时。

你今天感觉怎么样?

___

你在想什么?

___

你如何对待自己的身体?

___

你的心灵有没有被滋养?

___

你想要有什么感受?

___

这些问题可能看起来很简单,但实际上比我们在"1.幸福究竟是什么"中完成的简单检查更深入。你会注意到,这里我们从考虑整体幸福开始,然后考虑头脑、身体和心灵。

　　当继续阅读本书时，我们将遵循相同的路径。因此，如果上面有一个答案已经为你拉响警钟，你可能需要快速浏览本书中的相应部分。

第二部

头脑

心神不宁，寝食难安。

——夏洛特·勃朗特（Charlotte Bronte）

关于头脑

我小时候不太喜欢看电视。

为了一个我从来都不相信自己会感兴趣的节目,我放弃了动画片、《蓝色彼得》(*Blue Peter*)和澳大利亚肥皂剧《邻居》(*Neighbours*)。今天回顾起来,我很惊讶自己那时会放弃 *Fall Guy* 中的柯尔特·西弗斯(他是我的大偶像,因为我想和柯尔特一样当一名特技演员)而去看另一个节目,在那个节目里有一位年老的绅士坐在旋转椅上,向公众提一系列随机的问题。

自从1972年以来,《大师头脑》(*Mastermind*)这个节目就一直在英国电视台上播出,当主题曲开始时,我就迫不及待地想看主持人马格努斯·马格努森低下头问第一个问题。

作为人类,我们痴迷于问题。我们的头脑热爱工作。在公共汽车、火车或飞机上看看四周，有多少乘客正全神贯注地玩填字、数独、单词搜索、俄罗斯方块、糖果大冒险等游戏？

大卫·亚当在回忆录中谈及自己的强迫症时，显得非常博学：

"头脑就像想法的工厂。它每天都会处理传送带上成千上万的想法——好的，坏的，快乐的，悲伤的，有用的，侵入性的。工厂必须决定如何针对它们采取行动，然后做出指示进行回应。每个人的回应都会有所不同，因为回应基于人们早期经历、所处环境和生物学的独特组合，同时也基于我们的偏见、预知和知识。传送带总是在滚动，新的想法总是源源不断地涌现。总有东西进来，也总有东西出去。"

演员安东尼·霍普金斯认为："我们正在因过度思考而死去。我们思考一切是在慢慢地自杀。无论如何思考，你永远都无法相信人类的头脑。因为这是一个死亡陷阱。"他这么说可能并没有错。

在英国，与工作有关的压力给社会带来的损失已经差不多达到每年40亿英镑。在美国，每天超过100万个工作者请病假、抱怨压力，这些行为给雇主造成了超过2000亿美元的成本。但即使这个数字，比起美国每年高达2.7万亿美元的医疗保健总支出也是小巫见大巫。

心理健康问题（包括压力和抑郁症）的出现频率在世界上每个发达国家都有所上升。现在大约有六分之一的成年人每周都会遭遇常见的心理健康问题，最常诊断出来的是焦虑和沮丧。

头脑中充斥着各种想法（mind full）还是正念（mindfull）？

一项针对15000人的调查表明，大多数人在醒着的时候有46.9%的时间在思考他们正在做的事情之外的东西，这种思想的游移通常使他们不快乐。

这项调查指出，人类的思想是游移不定的，这样的思想会让人不快乐。能够思考当前没有发生的事情，是一种认知上的成就，却带来了情绪上的代价。

我们必须集中注意力！

"正念"是指训练大脑以阻止那些导致我们分心的烦恼和忧虑，让人专注于活在当下。实践者发现，正念对心理健康问题有积极的影响，有助于人们有效地减轻

压力并减少消极想法。

企业中正念越来越受欢迎。如今,许多职业都需要同时处理多个任务,这通常意味着我们的思想会变得分散而跳跃。这不仅会降低工作效率,也会使头脑感到疲惫。

1969年,诺贝尔奖获得者赫伯特·西蒙就此事向我们发出警告:

"在充斥着信息的世界中,这些过量的信息意味着其他东西的缺乏:这种缺乏的东西正是信息所消耗的。信息消耗的东西正是其接收者的注意力。因此,信息的丰富会造成注意力的匮乏,也要求我们高效地将注意力分配到可能消耗它的信息源上。"

当然,西蒙所处的时代与我们现在的不同。但是,即使在社交信息、新闻源泛滥的今天,他的话也并不过时。

当面对大量信息而不知所措时,我们就会感到压力重重。而且,在这种情况下,我们需要留点时间给自己,并且专注于积极的东西。

在忙碌的一天中，花时间到户外去可能听起来违反常理。但是，如果我们不这样做，我们的大脑将不会得到充分的休息。结果，我们将无法处理压力，也将失去反思和获得新想法的机会。英国心理健康基金会发表的研究表明，正念练习可以增强心理健康，帮助我们集中注意力，提高我们学习新事物的能力，并提高我们的个人效率。

因此，让我们看看如何掌控自己的头脑。

5. 先说说咖啡

今天早上我喝了一杯很好的咖啡，那味道简直好极了。

洛杉矶威尼斯海滩是我常去的地方。当轮到我点咖啡时，咖啡师显然已经知道我要点的会是什么，所以他没有问我，而是跟我聊起了咖啡豆。

当他描述各种不同的咖啡豆时，我的记忆回到了以往在亚的斯亚贝巴的那一刻：一位美丽的女性穿着金色的哈贝沙传统服饰，盘腿坐在燃烧着的余烬前，用她的咖啡仪式迷住了我。

正念就像这样，它可以奇迹般地瞬间将我们分散的思想唤回，并恢复思想的完整性，使我们可以活在生活中的每一刻。

我手里拿着咖啡，坐在街上的长椅上，加利福尼亚早上7点的阳光照在我身上。这就是生活。

当在做一件自己熟悉的事情的时候，如去洗澡、去上班、坐在笔记本电脑前工作或开会等，我们很难将注意力集中在当下，不是吗？这是因为我们的大脑已经处于我们熟悉的一种常态，在这样的例行程序中我们的"中央处理器"能够帮助我们轻松完成任务，将我们从A带到B再带到C，而无须我们思考。但这不是生活，这只是生存。

只有当打破常规的时候，我们才能开始真正注意到品尝咖啡味道时的感受，我们才能注意到自己在这里，这时需要我们的大脑停下来，对它进行处理。

我们按照自己所选择的方式生活。不要等到你的常规被打破了才去做有意义的事情，从今天就开始，从小事开始。就拿这个时刻作为你生命中的全新时刻，你将永远不会再回到这一刻。所以，无论你在做什么，都要有好奇心！你会为这一刻的体验感到惊讶的。

你的咖啡味道如何？它仅仅是为疲惫的心灵加油，还是会在你的大脑中产生某种体验？在生活中有哪些时刻是你真正能够觉察到的？选择一个时刻，专注于这个时刻，你会为自己的体验感到惊讶的。

6. 集中注意力

在《时代》杂志报道的研究中，加拿大的研究人员使用脑电图研究了2000人的大脑活动，发现人类的平均注意力时间从2000年的12秒降到2015年的8秒。拿这个数字和不起眼的金鱼比，金鱼的注意力时间为9秒——即使它游过塑料桥和假植物成千上万次。

随着社交媒体的到来，我们的头脑已经演变，适应了新闻媒体和社交媒体共同产生的信息泛滥。与互联网新闻流和社交媒体频道提供的短而急促的突发信息相比，传统报纸越来越不受欢迎。

2014年，Mashable成为最常用的在线新闻订阅网站之一。作为回应，美联社这一世界上最大的独立新闻机构要求报社记者将他们的文章字数限制在300~500字。

我们已经沉迷于快速接收事实。研究表明，在18~35岁的人群中，有77％的人表示："当没有什么事情占据我的注意力时，我要做的第一件事就是刷手机。"

尽管我们持续专注于当下的能力下降了，但是在这个手机时代，当我们在不同的信息来源之间跳来跳去时，我们同时处理多任务的能力提高了。然而如果我们不能集中注意力，这不就意味着我们尝试做更多事情但效率更低吗？

麻省理工学院研究员特德·塞尔克认为："专注的时间长短受做事方式的影响。如果把时间花在网上闲逛，就会养成不专心的习惯。"

专家估计，我们的大脑每天要处理2万~5万个想法。如何确定我们注意的是重要的事项、做出的决定是正确的呢？

注意力是我们的大脑从它不断收到的信息流中判断出哪些信息是重要的过程。外部干扰（如压力、上班路上有吸引力的陌生人、亮红色的法拉利车疾驰而过或手机响起信息提醒的声音）和内部干扰（如我们的思想游移）都会削弱我们的注意力。据说，干扰导致我们在多达50%的时间内思绪不定。

为什么？因为大脑学会了从任何地方吸收信息，因为它需要从我们给它的信息束缚中摆脱出来。

所以，为什么不在今天就列出你想要了解的三件事？可以是新闻、体育运动或其他业余爱好、某个人或你下一次度假可能想去的地方。你应该努力抵抗被智能手机或维基百科分散注意力的诱惑，不要打开一堆互联网页面。刻意地集中注意力能够让你更加专注于手头的任务！

（1）_____

_____

（2）_____

_____

（3）_____

_____

7. 感受身体的发热

近年来,你可能已经注意到一些提出简单想法的书越来越受欢迎。

首先,一个主流的主题是回归自然,这样的书通常以木材为媒介。例如,《瑞典雕刻技术》《木火手册》《勺子雕刻和雕刻指南》等。

其次,致力于过更简单的生活的书。畅销书《木屋之色》是一本很有诱惑力的小书,它让成年人溜到一个安静舒适的角落对之垂涎三尺。而《房车生活》则倡导一种按照自己的节奏探索自然、无须背负债务的生活方式。

说到这里，有些人可能会很自然地想，这些鼓励自力更生并回归自然的书籍是否指向某种即将来临的启示。我宁愿相信，它们之所以受欢迎，仅仅是因为我们中的许多人渴望回归基本的生活。人们通过这些书只是为了活得更真实，寻找宁静，以及逃脱现代生活的喧嚣。

这些理念并不新鲜，只不过是人类深切需求的反映。正如极地探险家艾林·卡格指出的，"在这样的追求里，有某种缓慢的、可持续的、可以冥想的东西"，正是这种东西对我们产生了吸引力，那便是一个安静的时刻——通常是一个人独处的时候，才能真正地享受当前的任务。

无论你是正在家酿啤酒中添加酵母、编织袜子还是挥动斧头劈柴生火，这些活动都让你用双手创造了一种东西。并且通过这种创造行为，你会全神贯注地追求微妙的成就。这种满足感不是可以通过购买任何东西得到的，而是最纯粹意义上的享受。

今天，试着寻找一种简单的、缓慢而可持续的活动，一种可以冥想、可以让你全神贯注的活动。请你尝

试将自己的注意力集中在过程本身，而不是在特定结果上。注意你的动作、精力和节奏，倾听周围的声音，感受发热的身体。最后，真正地享受你的成果。

8. 关机、静音

我们在每天的生活中都受到信息轰炸。

电视、广播、广告牌和社交媒体中的广告与新闻——每天都有成千上万条信息侵入我们的生活。这些信息实际上是不可避免的，而且会对我们施加影响。

想一想你与某个人讨论你认为很重要的话题的时候。毫无疑问，你进入讨论时是有意识的。一开始你可能持有自己的观点，如果你受到其他人想法的影响，那是因为他们的观点更具有说服力。

而那些外部来源对你的影响却更阴险，并且在很大程度上是无意识的。

即使我们意识到了这些过多的信息，还是对它们无能为力。它们就像不速之客，从各种渠道进入我们的生活，而且数量丰富、种类繁多。

但是，在一天中通常有两个时间点是我们可以摆脱它们干扰的：一个是早上做第一件事的时候，另一个是晚上做最后一件事的时候。

通过精心安排的仪式来成功地开始你的一天，并用一夜的好睡眠来结束一天，这将为你创造一个不同的世界。

下面是一些仪式，你可以考虑将它们纳入你的例行活动中：

- 将手机静音。无论你是试图积极参与还是远离这个世界，都关掉手机，享受远离喧嚣的几分钟时间。这几分钟里，没有短信、电子邮件、社交媒体和广播的打扰。花些时间想想你今天可以做的一件积极的事情，或思考一些你要感谢的事情。

- 为自己做点事。无论是冥想、祈祷、写日记还是进行腹式呼吸，用几分钟的时间调理自己的身体和心情。

- 读一些能够给你启发的东西。那可能是几页关于你喜欢的主题的内容或者你的专业知识。每天花一点时间阅读，可以增强你所在领域的专业知识，因为你可以及时了解这一领域的最佳实践和最新思想。

- 锻炼身体。即使只有五分钟，也最好在早上进行一些有氧运动，如开合跳或原地跑步。在一天结束时，尝试做几分钟的伸展运动或轻瑜伽动作。活动一下你的身体，能够刺激你的淋巴引流系统并将毒素排出。

9. 专注于当下

现代企业似乎着迷于雇用精通"同时处理多项任务"的人。

这应该是因为企业主力求员工效率达到最高。然而，实际上这可能是目光短浅的一种做法，这样做会促使员工匆忙执行完任务、结果质量差，还会使得员工无法专注，工作环境压力大。

"一次只做一项活动"的做法在日语中是"いちぎょざつまい"。那是正念实践的基础，它专注于一项特定的任务，可以帮助人显著地减少压力。

无论你是煮咖啡的咖啡师还是打造物件的铁匠，当你全神贯注于该过程时，就会完全被它迷住。其他的一切，即我们一直背负的、像背景噪声一样渗透我们思想的所有个人和情感的包袱都将被卸下。

正念能将单调乏味的任务变成能给我们带来乐趣的东西。

以一个日常活动，如洗碗或看报为例。如果完全专注于这些任务，我们实际上能够在其中感受到片刻的乐趣。

禅师铃木俊隆相信，专注于一个行动是获得正念的第一步。他说："我没有崇拜的对象，只专注于自己每一刻所做的活动。当你鞠躬的时候，就鞠躬。当你坐着的时候，就坐着。当你吃饭的时候，就吃饭。"

只专注于一项活动可能很难做到，但它并非完全超出你的控制范围。像掌握任何技巧或能力一样，你会随着时间的推移慢慢掌握它。

以下练习可能会帮助你：

- 评估你每天的例行程序。花一些时间评估你的注意力集中程度在一天中的升降变化。它什么时候达到高峰？什么时候下降？哪些外部因素影响导致它恶化？疲劳是否会阻止你集中注意力？午餐后你是否难以恢复精力？你是否无休止地被社交媒体分散注意力？你是否感到百无聊赖？你的工作场所容易让人分心吗？找出一些影响你的注意力的因素并尝试让你注意力的高峰期变得更长。

- 抽出时间。每天花几分钟为你自己做件事能够让你的注意力从干扰中解放出来。定期这样做，会提高你保持头脑清醒和更成功地应对压力大的情况的能力。

- 运动。科学研究表明，体育锻炼和注意力集中程度之间存在着关联。趁着午休时间快速地锻炼一下，哪怕仅仅是快走，也会提升你的注意力集中程度，让你的头脑有机会释放工作了一天之后累积在身体和心理上的压力。

10. 关注小事

让我们回到20世纪90年代。

想象这样一个场景：你在纽约市中心正要停车，打算接下来去见你的一位朋友并和他一起吃饭。在锁车之前，你从仪表板上拉出立体声音箱，使电线裸露在外并悬在空隙中。为了防止窃贼，你在挡风玻璃上贴了一张标签，上面写着"没有立体声音箱"。当你过马路时，垃圾随风拂过你的脚。

街上，人们为了逃票跳过了地铁站的闸门，而年轻人则用他们最新的涂鸦方式为建筑物加上了标签，从繁忙的商店到居民住宅都不放过。

当时，纽约市的暴力犯罪概率处于高峰水平。新上任的市长鲁迪·朱利安尼遇到了大问题。

但是，当社会学家乔治·凯灵走进市长的家时，他带来了答案。

小小的答案。

凯灵解释说，小问题（如打破窗户偷窃、乱扔垃圾和随地涂鸦）如果不解决，就会导致更严重的问题，因为居民会改变他们看待社区的方式。

社区的这种恶化改变了人们在谈到他们的公共空间时的行为方式，而这反过来又瓦解了政府对社区的控制。当暴力、醉酒和吸毒渗入社区时，社区已无法实行非正式的社会控制，导致居民害怕发生更糟的事情。为了安全，曾经具有凝聚力的社区会分崩离析，因为个人会撤回自己安全的家中，减少在公共场所停留的时间，以避免遭到陌生人的袭击。如果问题没有得到处理，那么当地人更不愿意外出，与社区的联系更不紧密。

凯灵的破窗理论是行为准则设定的犯罪学理论，它表明，维持和监测城市环境以预防比较轻的犯罪有助于营造一种法治氛围，可以防止更严重的犯罪发生。

朱利安尼对此表示半信半疑，但他给了凯灵一个机会。在引入这个政策的几周内，政府方面快速地修好被砸烂的窗户、清理涂鸦、让逃票者承担责任，事情开始有所改变。当地人的自豪感再次开始提升，居民逐渐花更多时间在公共场所中，社区居民又开始融合起来。用朱利安尼市长的话来说，纽约的暴力犯罪同比减少了56%，谋杀减少了65%，抢劫率减少了67%，严重的袭击减少了近三分之一。

纽约的转变告诉我们，我们不必专注于大事。朝着正确方向的小步伐累积起来，也能达到目标。

破窗理论已被广泛应用，不仅限于城市衰败的领域，如改善学生在学校的行为、促进经济复兴，以及治愈药物成瘾等方面。

在企业界，保罗·奥尼尔用他所说的"小问题"改变了铝业巨头美国铝业公司（Alcoa）。世界上最快的一级方程式赛车团队的每一位员工（从设计师、工程师到办公室文员和团队领导者）的共同目标是使每次比赛的时间减少0.1秒。

现在轮到你了。饮食、运动、营养、个人教育、新的职业或新的关系等，你可能会在哪个方面有破窗？你现在可以专注于哪些小事情来改善你的生活？

_____

_____

_____

_____

11. 分离的程度

多丽丝·戴有句名言:"皱纹是遗传性的,因为它是父母从孩子那里得来的。"

如果你是男性,这很可能是相互的。

牛津大学研究人员对欧洲28个国家的家庭进行调查,根据教育水平对父母和子女进行划分,收集了52000多人的数据。

结果表明,教育水平比父母低的男性,有心理困扰的可能性是教育水平与父母相当的男性的两倍。教育水平比父母低很多的男性,遭受心理困扰的可能性要高出惊人的50%。

有趣的是，研究表明在接受调查的女性中，她们的心理状况似乎不受教育水平未能与父母相当的影响。不是女性并非那么在乎自己的教育水平或竞争力较弱，而是男性似乎更容易将"成功"归因于个人努力，希望通过自己的努力取得成功。结果，男性往往会花很多时间挣扎着比父母做得更好，他们潜意识里有这样的渴望。如果他们做不到，他们将难以应对他们认为的重大失败。而女性似乎很少这么在意父母的成就。

人的心理是很奇妙的。有无数来自不同地方的因素影响着我们的动机和自我信念。有些是天生的，有些是后天养成的，其中很多因素的影响完全是潜意识这一层次上的。

如果想强调自我信念并减少心理压力，可以尝试下列做法：

- 写下你的成就，并定期看一看。记得在你成功地完成一件新的事情时更新你的列表，寻找你成功的模式以帮助你识别和了解自己的技能。

- 与爱你的人交谈。人们常常看不到自己的优势或确定自己最好的品质。和朋友在一起谈天，常常会充满启发和惊喜。

- 找到原因。如果你一辈子都在做迎合别人的事情，那你很难相信自己。做更多你相信的事情，会给你带来更多的热情，会帮助你更加努力地工作并取得更大的成就，这无疑将减轻压力、增强成就感。

12. 数字排毒

数字干扰正像野火一样席卷我们的生活。

根据尼尔森在2016年的报告,我们每天花在智能手机上的时间为127分钟,花在平板电脑上的时间为63分钟,花在笔记本电脑上的时间为126分钟,花在看电视上的时间为117分钟。

现在,智能手机已成为日常生活干扰的最大来源。即使在我们不看手机的时候,推送通知、短信和电子邮件也源源不断地被传送而来。

无数的报告告诉我们,现在三分之一的成年人在夜间也会定期查看手机。在拥有智能手机的人当中,79%

的人在醒来后的15分钟内就会看手机，30％的人在上厕所时会看手机。法医网络心理学家玛丽·艾特肯博士指出，现在我们每天看200次手机，也就是每七分钟看一次。

但是我们喜欢这样做！根据社交媒体的一项调查，三分之一的美国人宁愿放弃性生活，也不愿放弃手机。

但是，这种技术成瘾正对我们的头脑、身体和心灵造成严重破坏，这会吸引我们的注意，影响生产力，屏幕产生的蓝光也会破坏睡眠。

如果你喜欢数字排毒，请参考以下一些建议：

- 在醒来的第一个小时和一天的最后一小时内，禁止自己使用电子设备。

- 在会议开始时将手机放在包里。

- 当你需要专注于某个任务或项目时，将电子设备设置为"飞行模式"。

- 创建一个电子邮件过滤器，将带有某些关键字的邮件移动到一个单独的文件夹。将关键字设为"取消订阅"、"管理你的账户"和"隐私权政策"等，你会发现垃圾邮件大量减少。

- 设置检查邮件的常规时间。你可以每天在专门的时间检查两到三次。
- 如果你觉得这过于激进，可以尝试下列做法：
- 在社交网站上取消关注所有人一个星期，之后只重新关注那些你主动想念的人。
- 将智能手机更改为简单的、仅处理短信和电话的手持设备。

13. 前向思考

现代商业世界发展迅速。

很多人发现,如果自己没有不停地学习和掌握新技能,就会落后于他人。新技术不断地重塑工作环境,而更高的自动化水平意味着工人之间的竞争比以往任何时候都更激烈。

在越来越多的行业和专业中,当今的工人就像鲨鱼一样,需要不断前进才能生存。

知识已成为一种货币形式。但与金钱不同的是,当使用知识时,你还将保留着它。在这个世界的任何地方瞬间转移知识都是可能的,甚至可以是免费的。而且,它还带着一定程度的人们对它的尊重，这是金钱本身很少得到的。

因此，它构成了更真实关系的基础。

在个人层面上，知识可以帮助你更快地实现目标，并让你在实现目标时获得一种满足感。它有助于训练记忆力，帮助大脑内的连接加快，使你能够更好地进行沟通，提高你的自信心。

学习还有助于培养抽象思维，使你能够跳出条条框框和个人情况进行思考。

许多成功的、具有启发性的公众人物，包括微软公司创始人比尔·盖茨、苹果公司具有远见的史蒂夫·乔布斯以及科学家和作家史蒂芬·霍金都声明，终身学习是成功的秘诀。

美国前总统奥巴马曾在接受《纽约时报》采访时透露，他在任职期间确保自己每天阅读一小时。他声称，这使他能够"放慢脚步并获得看待事物的一些视角"，以及"设身处地地思考"。

大脑中处理学习的部分会对新的刺激做出反应，通过分泌多巴胺（使人快乐的激素）来奖励你。因此完成学习活动后，我们会产生大量的多巴胺。

你可以尝试每天花一点时间来获取新知识，很多方式都可以做到这一点，如读书，或选择你感兴趣的领域了解其最新动态。如果你在漫长的一天后感到疲倦，可以以更被动的方式进行学习。你可以听广播或浏览博客，或在电视上观看纪录片以达到学习的目的。

探索频道就有很多好东西，你可以从观看鲨鱼中学到很多东西。

14. 感恩

我们每个人都不时会看不到生活中的美好事物。

当我们不断被令人震惊的头条新闻轰炸时，当各种广告活动想要强行将偶像推送给我们时，或者当我们迷失在现代世界的疯狂节奏中时，我们很难退后一步看看真实的生活到底是什么样的。

正念则更密切地关注我们的想法。当我们这样做时，能够学着欣赏生活中的美好事物。

下次你遇到交通堵塞时，不要担心你会迟到或者你离目的地还有多远，相反，关注你所处的地方。当这样做时，你会注意到汽车收音机所播放的歌曲的旋律；当你眺望窗外时，你会注意到位于高速公路之外美丽的田野风景……

加州大学的研究人员对1000位参与者进行了一项研究，他们测试了感恩的效果。参与者被分为两组：一组要在日记中写下每天发生在他们身上的五件正面的事情；另一组则必须在日记中写下五件负面的事情。

正面的例子包括亲人的慷慨和与大自然接触时感到的愉悦感。负面的例子包括难以找到停车位和堵车。

那些写正面日记的人在心理上、身体上和社会上的受益显著，整体健康和幸福都有所上升。相比之下，专注于记录日常生活的负面情况的人，在这些方面则下降了。

当我们更加专心时，我们会接受体验的所有方面，包括正面的和负面的。我们会带着好奇心看待我们自己、他人和周围的世界。感恩会改变我们对生活的看法，会为我们带来新的活力，并让我们对当下所在有更深的理解。

现在就花点时间，想一想生活中的一些美好的事物。在下面的空白处列出五个积极的方面：

（1）_____

_____

（2）_____

_____

（3）_____

_____

（4）_____

_____

（5）_____

_____

现在思考一下这张清单。你感觉怎么样?

15. 抛锚！

神经语言程序学（Neuro-linguistic programming，NLP）是一种建立在一套工具和技术的基础上的理论，可以帮助我们应对思维、信念和行为中的无益模式。它也可以帮助我们引入新的、积极的和建设性的方法来掌控我们的头脑，给生活增加动力。

神经语言程序学的核心思想是"我们的思维非常擅长创造人生重要时刻的回忆"。这些时刻（在神经语言程序学中称为"锚点"）会触发快乐的回忆，进而可以激发积极的行为。

这样的"锚点"可能是特殊的气味，如你所爱的人身上的香水味道，可能把你带回到你们第一次约会的时候；或者是家里一道特别的菜的食谱，可能让你回想起自己的小时候。"锚点"也可能是声音甚至视觉上的图像。

神经语言程序学可以通过三个步骤来提供帮助：

（1）选择你想要的情绪状态，如精力充沛、冷静、快乐等，并专注在这上面。

（2）现在回想一下你处于这种状态的情景，那可能是在紧张的比赛中、在沙发上放松的时候或者在特殊的假期。

（3）回想一下你可以与这种状态相关联的一个特定动作、短语、声音或图像，如竖起大拇指、海滩上的照片或灿烂的笑容。这就是你的"锚点"。

（4）现在练习设置这个"锚点"。每次你想要回到你当时所处的情绪状态，就专注于做那个动作，说出那个词语或发出那种声音。

16. 听音乐

心理学家丹·吉尔伯特提出，人类都有心理免疫系统，可以帮助我们感觉更好并"合成快乐"。

听喜欢的音乐是一种流行的放松身心的方式，但塞尔维亚尼什大学的研究人员发现，听音乐会使人释放出荷尔蒙，这些荷尔蒙能够积极地引起吉尔伯特提到的那种"合成快乐"。研究人员还发现，听音乐可以有效地改善血管健康，随着内啡肽（在神经系统中传送电子信号的多种脑化学物质之一）流经我们的系统，我们的静脉实际上是在进行锻炼。

为了检验其假设，研究人员将74名患有心血管疾病的人分为三组。A组要进行三个星期的常规锻炼。B组的锻炼方法与A组相同，但每天还要听30分钟他们最喜欢的音乐。C组只听音乐而不锻炼。

当这个项目结束时，A组参与者心脏功能的重要指标有了显著增强，其锻炼能力提高了29％。既锻炼又听音乐的B组参与者的锻炼能力提高了39％。奇怪的是，即使在实验期间没有进行任何锻炼而只听半小时最喜欢音乐的C组，其锻炼能力也提高了19％。

虽然这些结论为我们改善幸福水平提供了有趣的观点，但这些结果并不完全是新发现。大约2800年前，人们发现简单的音乐模式能使奥林匹克运动员的身体表现提高约15％。

对音乐的反应也许是主观的，但临床研究表明，音乐对心肺方面的变化有很强的影响。研究发现，音乐对抑郁症患者具有积极的影响，音乐还可以降低高血压、改善睡眠质量、降低血液黏稠度和增加肺呼吸量。

那么，我们应该听什么音乐？尼什大学研究小组发现，某些音乐类型的效果较差，如重金属音乐会提高压力水平。古典音乐比其他任何音乐都更具有积极影响。研究人员发现特定的乐器，包括风琴、钢琴、长笛、吉他、竖琴和萨克斯管,都能有效地促使内啡肽流动。

因此,以下是经过科学证明的、能够促进快乐幸福的前五首乐曲:

- 巴赫的勃兰登堡第三协奏曲;
- 威尔第的《让思想插上金色的翅膀》(也译作《希伯来奴隶之合唱》);
- 普契尼的《图兰朵》;
- 贝多芬的《第九交响曲》;
- 维瓦尔第的《四季》。

现在是时候在自动点唱机中再投入一枚硬币,把音乐带到你的生活中了。

17. 旧习惯

如果我们想表现得更好,那么在日常生活中养成良好的习惯是关键。

实际上,你可能很忙。毫无疑问,每天的工作已经占用了你日常生活中很可观的一部分——我们每天几乎都是以直截了当的方式执行所有这些日常工作。

这是完全正常的。人的大脑就是这样工作的。它在很大程度上处于潜意识水平。

想一想冰山,它只有顶端露出水面。我们大脑的顶部是有意识的思想,大脑中喜欢思考的那一小点可以做出所有决定。然而,我们可能曾经突然莫名其妙地渴望狂吃一些垃圾食品，但直到后来才知道自己当时为什么那么做。这是由于有时候我们的决策来自别的地方。

我们的价值观和信念存储在潜意识中，这也是大脑中推动我们的习惯、日常惯例和仪式的部分。

要形成习惯，最困难的是做任何事都要坚持足够长的时间。这需要持续的努力——通常需要大约28天。如果你确实有决心要培养新的习惯，那么你应该简单而轻松地开始，才不可能失败。

大多数人对新习惯感到不安的地方是，他们开始很努力，但热情很快就消失了。但是，如果你温和地将某件事情融入日常生活中，就有可能坚持下去。

因此，如果你想做更多的运动，就设定一个每天锻炼一分钟的目标。或者，如果你想减少摄入咖啡因，请尝试一杯无咖啡因的咖啡，或者还是喝相同杯数的咖啡，但留一杯不喝完。

如果你曾经尝试过培养好习惯但失败了，是因为什么而没有坚持下来？是你一开始太努力了吗？是什么阻碍了你的成功？

第二部 头脑

要想养成一种习惯,只需要做两件事:拥有足够的毅力,以及完全了解自己做这件事的动机。

18. 从最难的开始

查看你今天要做的事情清单。有什么事情是你一直在拖延完成的吗？

拖延症已经成为许多人的一种处事模式，但是更深入地反思一下你一直在回避的事情，你可能会注意到一种模式。

喜欢完成我们喜欢的或认为简单的任务，而将较难的任务推到后面去是人之天性。

然而，今天让我们来改变一下这个游戏。先做一天中最难的事情。

看看你的待办事项清单。你这周最难的任务是什么？

可能是打电话给你带来坏消息的人，也可能是打电话给对方带去坏消息的人。

让你感到最棘手的，如回复一封要求你提供详细信息的电子邮件，或为重要的会议准备幻灯片，或与某个人进行一对一的对话。也可能是与你想见的某个人开会，但他似乎在躲避你。

事实上，将这些任务推到下午4点、第二天或下周，并不会让他们变得更容易。实际上恰恰相反，对最艰难任务的深层担忧一直潜伏在你的大脑里，不仅分散了你的注意力，而且降低了你做其他事情的效率。

现在，回头看看你的清单，确定最难的任务，然后去做。

当然，你可能不想这样做，也可能告诉自己你有一个计划。但是，请继续完成它。完成之后你会感到空气清新，你的一天都会变得美好起来，你的待办事项清单突然轻了很多。你的信心也会得到快速提升，你会更容易应对接下来的事情，因为你首先完成了最艰难的任务。

19. 摔东西的时间

伦敦大学的科学家进行的一项研究显示,心情不好实际上对你有好处。显然,情绪波动在帮助我们适应情况变化的过程中起着至关重要的作用。

当事情进展顺利并且心情愉快时,我们会更愿意承担更大的风险,而且更有可能取得成功。

而在危急时刻,生气有助于节省精力,让我们不考虑去冒险。

但是,如果不只是生气呢?如果一个人真的很惹我们生气,我们的血液开始沸腾呢?然后会怎么样呢?

我去得克萨斯州达拉斯市时曾被"愤怒屋"所吸

引，那是一个可以让我真正放松的隔音场所。

只需支付少量费用，你就可以砸东西来缓解压力，还不会让任何人感到烦恼，甚至不必在事后进行清理。这种"破坏包"带有全面的防护装备，还有锤子和一堆陶器，你可以将东西扔到墙上。再多付一点额外的费用，你就可以扔一桶酒杯。如果你想要把全部的怒气都发泄出来，你甚至可以选一个人，按照其样子制作一个假人。当然，你还可以把你管理愤怒的纪念照带回家。

虽然通过扔东西来快速地发泄怒气在当时可能感觉很爽，但我们确实需要深入了解自己的情感反应到底从何而来。据说，多达60％的愤怒可能是从我们过去积累下来的"没有得到解决的愤怒"，这样的愤怒甚至可以追溯到童年。

从本质上讲，愤怒是一种原始的防御情感，你也可以将其作为表达负面情绪的一种方式。但有研究表明，它也会损害我们的健康。在发泄阶段之后，我们需要找到问题的解决方式。对治疗师大声说出来可能会有帮助，但在当下的紧张时刻，尝试尽快回到放松的状态很重要。

俄亥俄州立大学的布拉德·布什曼教授认为，从一数到十可能会有所帮助。尽管他承认，在某些情况下你可能需要数到20、30甚至100！

如果数数不起作用，请尝试布什曼的"3D"方法：

- 分心（Distraction）：有意专注于其他事情。例如，看一本书或读一首歌的歌词，以改变你的心理"通道"。

- 距离（Distance）：尝试在愤怒时像其他人一样看待自己（以墙上的苍蝇的角度来看待）。

- 展示（Display）：喜欢和侵犯是不相容的反应。当我们展示其中的一种反应时，它将抵消掉另一种反应。

暴风雨过后，重新反省一下当时的情况，以便理解当时为什么会产生愤怒反应，这一点很有用。会不会是我们对某件事情反应过度？有没有具体证据表明有人故意要对抗、伤害或羞辱我们？会不会是我们误解了或者做了错误的假设？

我当时头脑里的想法是……你可以将当时的情况写在下面以便自己回顾当时的状况。

_____

_____

_____

第三部

身体

人类的身体是心灵的最好体现。

——路德维希·维特根斯坦

第三部 身体

关于身体

身体健康是影响你整体健康的主要因素。然而,无数人一直过着忙碌、充满压力的生活,很少注意自己的健康状况。

如今,只有大约10%的工作需要进行体力劳动。而在大约50年前,所有工作中将近一半都需要人干得气喘吁吁、大汗淋漓。

在美国,只有6%的工作岗位符合政府对体力劳动的定义。今天,三分之一的美国人肥胖,另有三分之一超重。也就是说,三分之二的美国人都有体重问题。有趣的是,在英国也是如此。到2020年,与肥胖相关的疾病将取代吸烟成为美国人最大的杀手,并将吞噬超过20%的医疗保健支出。

这些意味着什么?今天全世界有5479人将死于久坐

不动的生活方式所导致的疾病。是的，今天一天。所以我们需要多运动。

许多人认为，专注于自己的健康将消耗很多时间，或者将引起他们生活的重大变化。虽然人体的确是一个极其复杂的机器，但要使其保持在最佳物理状态是非常容易的。

身体的需求很少：

- 体育锻炼。每天花一些时间做一些能提高心率的事情。不一定要去健身房——可以步行上班、做比较费体力的家务活或做爱（最后一件事做得适度的话，对头脑、身体和心灵都有好处）。

- 健康食品。自然状态下的蔬菜和水果包含营养和纤维，这对于保持活力至关重要。

- 水。你的身体每天需要水才能正常运作。过多的咖啡、汽水和酒精可能会使人脱水。你不需要完全避免这些东西，只要记得补足水分就好。

- 睡眠。你的身体每晚需要大约八小时的睡眠。但是，如果你尊重自己的作息时间并保持规律的睡眠周期，你的睡眠质量将得到很大的改善。

第三部 身体

- 放松。放松通常被认为只对精神有好处，但其实它还有助于身体健康。它能释放肌肉中积累的张力，并能降低体内的应激激素皮质醇。

如果你每天运动、吃好、喝足够多的水，进行适度睡眠并记得放松，你的改变很快就会被你周围的人看到。这些好习惯除了能让你拥有健美的身体和更白净的皮肤，还能让你更有专注力、更加积极的态度和更高的自尊。

尽管身体已经陪伴了你很长时间，但你可能并不真正了解它。

从30岁起，你的身体已开始发生明显的变化。你的身高每年会下降十六分之一英寸（1.59毫米）。这个数字听起来可能不多，但实际上，它会使你的姿势随着椎骨收缩而变化，迫使你的臀部和膝盖向地面弯曲。同时，你的身体失水，重要器官萎缩。另外，足弓变平会让你失去你所爱的小腿肌肉。

随着这些变化，30岁以上的人的身体每天大约少消耗12卡路里。但你很可能并不知道，还继续吃得和以前一样多。

20. 尖叫声

俄罗斯网球职业选手莎拉波娃赢得了五项大满贯，并经常名列这项运动的世界前十名。然而，她最出名的可能是她在球场上的尖叫声。

一项研究显示，莎拉波娃的尖叫声超过100分贝，常常使对手感到烦恼。一些观众抱怨这些尖叫声应该被正式取缔，他们相信声音不仅干扰了比赛，还成了不道德的赛手作弊的手段。因为这些尖叫声要么掩盖了球拍击球的声音以使对手无法判断球的轨迹，要么分散了对手的注意力，将他们的注意力从球上吸引到声音上。

那么，这些声音都有什么作用呢？

第三部 身体

内布拉斯加州大学进行了一项研究，让十名专业网球运动员（五男、五女）分成两组参加一套标准的训练——一组有尖叫声，一组没尖叫声。

在测试过程中，参与者佩戴便携式代谢装置测量氧气消耗量，并用雷达枪测试他们的击球。结果表明，尖叫声使球员的平均击球速度提高了3.8%，而且对他们的耗氧量没有影响。

尖叫声不仅是迷惑或分散对手注意力的一种战术方法，似乎还提高了"躯干稳定性"，这意味着人在动态的负荷和运动中保持对脊柱和骨盆姿势的主动控制的能力，即尖叫声提高了你的力量，而且不需要运用更多的能量。

研究人员认为，原始的发声也会触发身体天生的"战斗或逃跑"的反应，这会将更多能量推进到肌肉纤维中，这一本能反应也是祖先遗传给我们的。

今天就可以尝试着尖叫一声，释放出你身体里与生俱来的原始力量。只是不要在乘坐公共交通工具时这样做。

21. 做梦

尽管睡眠科学在过去的一个世纪中取得了进步，但研究人员仍然无法解释我们为什么做梦，甚至不能说清楚梦要执行什么功能。

梦可能有助于我们的记忆，它可以筛选我们的日常经历并对有用的记忆进行分类。或者，我们感知到的"梦"，只是我们困惑的感觉功能试图理解大脑处理不必要信息的过程。又或者，梦只是一种与生俱来的"放松"方式而已。

无论是哪一种情况，睡眠都极其重要。如果从进化的角度来思考它，原始社会中每天三分之一的时间无意识地躺着，一定会让我们的祖先极易受到攻击，因此睡眠的好处明显胜过风险。但正如弗里德里希·尼采指出的那样，这并不容易："睡觉并不是什么小小的艺术，它是一整天保持清醒所必要的。"

大约有三分之一的成年人在生活中的某些情况下会出现与睡眠有关的问题，而有15%的人是慢性失眠症患者。

任何感到睡眠不足的人都知道，睡眠是必不可少的，不仅对精神来说如此，对身体亦然。对于我们的幸福感来说，没有什么能胜过晚上睡个好觉。睡眠能够激发身体活力、疏通大脑、调节食欲、帮助回忆并帮助学习，这就是我们在睡了一觉之后能更好地理解问题的原因。

睡眠还有助于我们处理和整合情绪。当睡眠不足时，我们常常脾气暴躁，随之而来的压力会导致头脑和身体的其他功能也受损。

大多数成年人每晚应睡6~9小时，然而，诸如焦虑、压力、悲伤、工作不规律、扶养年幼的孩子等因素，通常会使这无法实现。

如果你发现自己睡觉困难，那么这些事情可能会有所帮助：

- 吃点香蕉。香蕉有助于身体产生睡眠调节激素和褪黑激素。你也可以喝点酸奶、吃点杏仁，它们富含色氨酸，那是一种能使人嗜睡的氨基酸。

- 放松。这是在准备睡觉时的一个关键（也是常被忽略的）阶段。放松练习，如轻度的瑜伽伸展运动，将有助于放松肌肉。

- 确保你的卧室是一个轻松的环境。房间放着电视、手机等嘈杂、发光的设备会减少褪黑激素的产生，并削弱你头脑中卧室与"睡觉的地方"的关联。

- 在黑暗中睡觉。你的身体已进化为在黑暗中睡得更好。即使你晚上工作所以必须在白天睡觉，也要试着复制夜间的条件，如用厚一些的窗帘挡住光线。

- 隔绝噪声。如果你居住在嘈杂或繁华的区域，尽量使用双层玻璃，或者戴耳塞。据说《发条橙》的作者安东尼·伯吉斯曾经开玩笑："你笑，全世界便都跟着你笑。你打呼噜，那就只能孤眠独宿了。"如果你的伴侣睡觉打呼噜，而你确信要继续和他在一起，那么耳塞可能是一个不错的选择。

22. 走出去

许多人,尤其是成功的商人,在面对诸如"正念"和"冥想"之类的词语时,常常不愿接受。

也许,这是可以理解的。如果那些人从来没有真正接触这样的概念,它们很可能看起来就是没有必要的,这甚至是对平日里"正常事务"的干扰。

如果你的角色使得你的决策对公司的成功和你周围人的工作有影响,那么你要是没有把所有时间都用来考虑手头工作的话,似乎就是失职。

但是,正念练习可以帮助你清晰地理解愿景,并极大地提高了你的决策能力。而且至关重要的是,正念可以简单地融入你一天的工作中。

每天冥想最强大的神秘方法之一，可能是"正念行走"。

正念行走是一种冥想方式，你每天不需要额外的时间就可以做。

大多数人都会走很多路，即使我们自己没有意识到。我们可能会走路去上班，走路去开会然后再走回来，在办公室附近散步，或者早晨在上班之前去遛狗。

许多人会很自然地在走路的时候考虑他们将如何回应紧迫的电子邮件，在早上的会上要说什么，以及应该如何处理棘手的问题。但是，正念行走是要尽量多地清除头脑里的这些东西，尽量只专注于身体移动时的动作。

正念行走的目的是使你的思想保持在当下这一刻，让你从一天的干扰中找到避难所，而不让你游移的思想继续徘徊。

当我们沉溺于过去的负面事件或其他人对我们所做的事情时，心理健康就会受到挑战。我们每走到一个时刻，需要把过去清理好，再过今天的生活。

通过练习，正念行走将帮助你集中精力，增强注意力并与当前时刻保持联系。

无论今天走到哪里，都可以将注意力集中在对身体的感觉和脚与地面接触时的感觉上。如果你忙碌的头脑一直很难保持专注于如此简单的事情上，那就从一到十数步数，然后反复数。

23. 瑜伽呼吸

在西方，瑜伽在很大程度上被视为一种身体练习，但更准确地说，应该将其视为一个生活的多层系统。

在印度，瑜伽士（练习瑜伽的人）认为，如果平衡我们的行动，生活中90％的问题都会得到解决。

在瑜伽中，作为准备步骤的"八肢"中的第四个是一个被称为调息（pranayama，prana意为"生命力量"，ayama意为"控制"）的概念。这是获得健康身体和头脑，以及更高的意识状态的一项至关重要的运动。

调息法认为，呼吸是生命的力量所在，也是我们的"精神"。如果你在公交车上，你旁边的人告诉你"你的呼吸就是你的精神"，你可能下一站就下车了。但是，这可能并不像听起来那样疯狂。毕竟，"精神"（spirit）一词的词根就是spiritus，拉丁语就是"呼吸"的意思。所以，从定义上来说，当调节呼吸时，我们真的是在控制自己的精神。

在调息法中，有许多控制呼吸的不同方法。有些会激活你的交感神经系统，这一系统能够触发人类"战斗或逃跑"的反应。但是，现在很多人都不知道如何触发这些反应，因为大多数人很多时候生活压力都很大。

瑜伽课通常教的是旨在激活副交感神经系统的技巧，以帮助人们进行休息和消化。

自满常常使人们看不到有效呼吸的巨大好处。如果运用得当，呼吸练习将会是改善情绪、增强正念并让你保持最佳表现水平的一个很好的工具。

下面是一些有益的呼吸练习，可以帮助你振作精神：

- 专注于用鼻子、腹部，进行轻而深的呼吸。这是锻炼压力韧性的一个非常有效的技术。

- 用鼻子深吸气十次，每次都一直到腹部，让你的腹部每次都鼓起。随着你的胸腔空间的增大，你的肺、肋骨和隔膜将有更多空间来容纳空气。你的心律会因呼吸而加快，这将为你的肌肉注入更多血液并提高你的大脑的灵敏度。

24. 到户外去

最新版的《牛津儿童词典》删除了先前列出的单词，包括"blackberry"（黑莓，指一种水果）、"canary"（金丝雀）、"clover"（三叶草）和"pasture"（牧场），并新增了"Apple"（苹果品牌）、"attachment"（附件）、"blog"（博客）和"BlackBerry"（黑莓手机）。

二十年前，40％的孩子经常与朋友一起在户外玩耍，如今，这一数字已下降到不到10％。

根据美国环境保护局的调查，现在美国成年人平均有90％的时间是在室内。随着我们快速失去与自然世界的联系，"自然缺陷症"正迅速成为一个问题。

美国威斯康星大学麦迪逊分校健康心理中心科学家塞林·凯萨比尔博士担心，室内活动，如电视、视频游戏和互联网等，正在代替自然成为人们消遣和娱乐的源泉，并且这些室内活动也是世界各地精神疾病增加的部分原因。

凯萨比尔的研究表明，到大自然中去可以减少焦虑和压力，增强创造力，增强人与人之间的交往能力。与大自然的联系，对我们的身心健康和认知能力非常重要。

即使只是看看湖泊和山川的照片，也可以更快地从压力中缓过来、恢复精神和增强脑力。

《国家地理》冒险家阿拉斯泰尔·汉弗莱斯就是健康的代言人。他看上去精瘦又机敏，始终保持微笑和冷静。他曾经独自骑行环绕世界，走过印度南部，划船穿过大西洋，跑过六场穿越撒哈拉沙漠的马拉松比赛，完成了冰岛的穿越徒步。所有这些都是他自己说的那个"有点瘦弱，不健壮，懦弱，不是很适合冒险生活，也没有必要技能"的人完成的。

汉弗莱斯认为，大多数人不会接受这样的挑战，因为他们认为自己没有足够的金钱或时间，居住的地方从地理上来说不能令人兴奋，自己也没有合适的设备，或不够健壮。

他鼓励人们进行"微型冒险"，如有意为之的小型冒险，这几乎可以说是平凡的冒险。这种微型冒险离家不远，可以在周末甚至周中进行。

汉弗莱斯在他的网站上建议人们五点钟下班，乘火车出城，在山上过夜，然后第二天早上九点再回到你的办公室。

在这短暂的时间内，你已经经历了一次冒险，获得了野外的体验，做了你之前从未做过的事情，也挑战了自己。

微型冒险可以是你想象到的任何事情。你会做什么？

下面这些怎么样？

- 在你的花园里睡觉。或者如果你住在公寓里，可以在朋友家里的花园里睡觉。

- 在树林里吃早餐。拿起你的水壶和牛角面包或者百吉饼就可以走了。

- 夜间散步。在城镇或乡村，让星星照亮你的道路。
- 在海滩上架起篝火。如果能加上烤香肠或棉花糖，就更棒了。

25. 健身自古有之

如果你想感到更快乐、更健康，答案可能不是跑马拉松或举重，而是认识到你的身体适合做什么并相应地调整自己的生活方式。

自然选择塑造了人类基因组，使人类成为非常活跃的户外通才，能够成功地在野外生存。在现代人类存在于地球上的历史中，有超过90％的时间过着打猎采野果的生活。

在没有健身房、没有私人教练殷勤地倡导"做最好的自己"和"燃烧你的脂肪"之前，人类仅仅依靠自己的日常生活就能保持身体健康。人类通过觅食坚果和浆果以及追逐捕捉猎物，活过了无数个世纪。

第三部 身体

然而在发达国家中，随着时代的发展，现在我们的生活方式恰恰与我们身体的内在设计（长时间的活动之后进行间歇的休息）相违背了。

今天，大多数人大部分时间都是静坐着的，他们只是偶尔才动一动。

除了新形成的久坐的生活方式，我们还能轻轻松松获得祖先闻所未闻的大量食物，我们偶尔无意解渴却饮用大量的（酒精）液体。因此，肥胖在西方世界正成为一个巨大的问题，这一点不足为奇。

因此，如果不辞职回森林里生活或者买莱卡紧身衣、请晒得黝黑的健身教练，我们该怎么做才能对我们的生活方式进行一些积极的改变？

好消息是，你不必进行一些专门"锻炼"。相反，只需提高你的日常活动水平即可。成人应每天都活动。以下是一些保持健康的准则：

- 在一周的时间内，你的活动总计需要150分钟的中等强度的运动和10分钟（或更长）的高强度运动。

- 每周至少两天进行肌肉强化活动。你可以举重、骑自行车、跳舞或爬山。

- 每周至少两天进行平衡和协调练习（如蹲、单腿站立或墙上俯卧撑）。

- 尽量减少坐着的时间（起身走一走，或伸展一下）。

去做就对了！

放下这本书，去活动10分钟。做一些俯卧撑，仰卧起坐，开合跳，快走或者骑自行车。坚持下去的话，你会感觉很好，我会在这里为你加油。

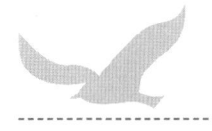

26. 饮料问题

我们中的许多人都尝试过更健康的生活，但要找到不乏味的方法并不简单。

关于健康饮食，你在每一家报纸上几乎都能找到"健康但味道很好"的菜肴的灵感。

虽然我们经常能听到因饮用咖啡因和酒精过多而生病的信息，但是似乎很少有信息提到可以用什么来代替它们。

水显然对你有好处，但它很少是人们感兴趣的饮料，因此喝水很少被视为一种享受。那么，有什么替代品呢？

世界卫生组织建议成年人每天摄入少于26克（6茶匙）的糖，但一瓶500毫升的可乐含糖约53克（12茶匙）。所以，如果我们想过健康的生活，显然要远离碳酸饮料。

在商店购买的咖啡甚至更糟。根据一家有名的街头咖啡连锁店在其网站上公开的细节，他们提供的每杯星冰乐含糖约74克。那可是超过18茶匙的糖。

果汁算是健康的选择，对吗？那得看看它们的标签。很多超市的"果汁"与真正的果汁几乎没有关系。它们所含水果的百分比很低，有的根本没有真正的水果，那只是使饮料味道有点像水果的化学物质。你实际上喝的只是水果味的糖水，但如果把这写在标签上，可能就对销路不利了。

即使100%的果汁，也并非那么健康。毕竟，所有来自水果的好东西，如纤维已经被去掉了。果汁里面还剩什么？只有糖。

如今，运动饮料越来越受欢迎。现在各种运动饮料品牌挤满了超市，但这些饮料设计时考虑的是运动员，它们包含了电解质（如钾、钙和镁之类的"盐"）和糖。这些东西对运动员可能有帮助，但大多数人在正常的生活中并不需要额外的盐，他们肯定也不需要液体的糖。

显然，所有这些饮料适量喝点都没问题。不过，如果你想保持健康，喝水是必不可少的。如果你想让水好喝一点，你可以购买一些（不含咖啡因的）凉茶或气泡矿泉水。

在一天结束的时候，你不会用一罐汽水或泡沫咖啡来浇花，所以你也不应该喝这样的饮料。

27. 不要浪费你的呼吸

呼吸几乎是我们所有人生下来做的第一件事，也是我们活着时做的最后一件事。

大多数成年人实际上并不十分擅长呼吸，这就显得有点奇怪了。

尽管我们通常不将呼吸视为一项技能。确实，即使在申请最让人羡慕的工作时，也很少有人会提到这个功能。事实上，我们大多数人的呼吸随着年龄的增长而变得更糟。

大多数成年人忘记了如何呼吸。最糟糕的是，当陷入日常生活中的琐事时，我们当中很少有人会好好地思考呼吸这件事。

问问自己，当你开始感到精力不足或感到有压力时，你会做什么？喝一杯咖啡？吃一块巧克力？

但是，当我们想提高能量水平、想要活得好时，我们应该做的第一件事是改善自己的呼吸。

例如，警匪剧中总有一个警察检查看似没有生命的身体，看看这个人是否还有呼吸。这是有道理的，因为呼吸是人类重要的生命体征。但是，呼吸到底有多重要呢？我们每天不知不觉地在做的这件事情的真正的作用是什么？

如果操作正确，呼吸将有助于：

- 释放压力；

- 减轻焦虑；

- 刺激自主神经系统中负责休息和消化的部分；

- 放松肌肉；

- 降低血压；

- 增强免疫系统；

- 触发内啡肽的释放并提升快乐程度和幸福感；

- 减轻疼痛；

- 刺激身体的淋巴引流系统来清除毒素。

要以最适合你身体的方式呼吸，吸气需要通过横膈膜来做，这样你才能呼吸得很深。气息应通过鼻子进入并一直下去，直到你感觉到了腹部。

现在让我们一起呼吸：

（1）将一只手放在胸部，另一只手放在腹部。

（2）通过鼻子深深地吸气并进入腹部——试着将放在腹部的手往前推。

（3）吸气时（在你的头脑中）数"1、2、3"，一直数到你觉得有点困难为止。

（4）完全通过嘴呼气，以吸气时数的数的两倍为目标（如果吸气时数到4，那么呼气的目标是8）。

（5）重复五次。

现在你感觉怎么样？可以把自己的感受写下来。

_____

_____

_____

28. 由水组成的身体

人体不吃东西可以连续存活数周，但没有水只能活三天。

水非常重要。水不仅能被用来装满水壶、淋浴，或者是你在餐馆所避免购买的价格昂贵的瓶装物。事实上，地球上的所有生命都离不开它。

我们实际上是由水做成的。我们的身体大约有75％是水，它占我们大脑的近85％，约占我们血液的90％。

水在几乎所有身体机能中也起着至关重要的作用。

在全球范围内，脱水是导致成人白天疲劳的主要原因。实际上，体内水分仅下降2％，就会对大脑有明显的负面影响，并可能造成短期记忆力损失、基本认知功能问题和注意力难以集中等问题。对于大脑来说，缺水实际上比看真人秀电视节目更糟糕！

在身体水分得到适当补充的情况下，血氧含量更高，这意味着身体能够更有效地燃烧脂肪。血氧含量的提高也让身体有更多的能量。此外，水对于消化和营养吸收至关重要，这是因为碳水化合物和蛋白质在血液中是由水代谢和运输的。

口渴常常被误以为饥饿。华盛顿大学进行的一项研究显示，在接受测试的节食者中，一杯水能消除几乎100％的午夜饥饿感。

有一个简单的测试可以告诉你是否补充足够的水。如果你的尿液是无色或浅黄色的，那你应该没问题。但是，如果你的尿液颜色显得深，那你很有可能处于脱水的状态，需要喝更多的水。

为什么不试着花一周时间，比你之前每天多喝两杯水，看看感觉如何？即使你没有感觉更好，但这也可能会改善你的肤色。想一想，这一点可能就会使你感觉好一点！

29. 食品

尽管人们更加重视饮食和营养,但许多人仍然吃得不好,这是现代生活的一个事实。

对于忙碌的人来说,吃东西往往不是首先要考虑的事情,所以有些人选择边走边吃或者在会议间歇之间赶着吃完(甚至边工作边吃)。这不仅会损害劳动者的健康,还会把计算机键盘弄得很脏。

边走边吃虽然可以节省一些时间,但实际上对我们的健康非常不利,因为人体不是为现代商业世界而设计的。

用进化论的话来说,人类离洞穴祖先只不过一眨眼的工夫而已。我们学会了如何使用护发产品、把我们的兽毛缠腰带换成知名品牌的衣服，并不意味着我们的身体功能发生了根本性的变化。

如果我们有压力的话，身体不会想吃东西。人们经常在工作中感到压力，即使他们没有意识到这一点。他们更有可能做好"战斗或逃跑"反应的准备，要么准备愤怒地对抗，要么准备逃避。

压力是人体防御机制面对即将来临的危险时所做出的本能反应。传统上，当人类面临迫在眉睫的危险时，很少会有想吃的自然反应。否则，我们人类这个物种就不太可能存活到现在。

受压力影响的不仅是消化系统。压力还会从大脑中窃取能量，从而导致决策变得困难。

长期的皮质醇（压力激素）水平升高，会损害我们的身心健康。它会迷惑大脑并导致其做出不好的食物选择。这就是为什么当人们承受压力时自然会追求高卡路里的"安慰食品"，如巧克力和薯条。

当你吃饭时，请尊重食物。给自己几分钟时间摆脱周围的干扰，并确保你正在慢慢地咀嚼。这很重要，因

为每当我们接触食物时，无论是味道还是气味，口腔都会开始分泌唾液。唾液包含能有效分解食物的酶，酶的产生也会给胃发出信号，使其开始为消化做准备。

匆忙进食时，食物没有得到适当的处理，人们即使吃饱了也还会有饥饿感，结果他们多吃了不必要的食物。

30. 运动

请重视锻炼身体这件事!

大多数人都知道,运动对身体健康有好处。但似乎很少有人意识到身体健康与心理健康之间的紧密联系。

这两者的相关性非常明显,以至于许多医生现在甚至建议将进行体育锻炼作为抵抗日益上升的抑郁症和焦虑症的发生率的一种方式,而不是用更常规的处方抗抑郁药。

锻炼会使你感觉良好(不过,如果你久不运动,刚开始时可能不一定会有这样的感觉)。当你进行任何一种体育锻炼时,作为奖励,你的大脑会释放内啡肽,这种让人"感觉良好"的激素以改善情绪并提升你的幸福感。

你做的运动越多,感受到的压力和张力就越小,这是因为持续不断的运动意味着你的大脑变得更擅长控制压力激素皮质醇的水平。

人们在一天的辛劳之后通常会感到有压力,这会导致你的身体产生肾上腺素,那是一种鼓励人"战斗或逃跑"的激素。这将使你的心率提高、血压上升,让你准备好战斗或冲刺。但是,你从运动中通过释放出来的内啡肽所体验到的那种自然的情绪高涨,会抵消那些紧张、急躁的感觉,并使你再次冷静下来。

经济及社会研究理事会(Economic and Social Research Council)的一项研究调查了超过100万成年人的运动习惯。研究发现,在过去的四周中,46%的人没有连续走超过30分钟,88%的人没有游过泳,90%的人没有去过健身房。如果你认为自己运动不足够,那么别担心,并非只有你这样。

因此,无论你是否感到压力,今天都请试着在正确的方向上采取一些积极的措施。但你要慢慢开始,逐渐地提升自己的健身水平。不要在第一天就参加马拉松比赛。

下面是一些可能帮助你逐渐提高运动水平的建议：

- 走楼梯而不乘电梯。
- 在午餐时间散步。
- 早点下车，然后走完到目的地的最后一段路。
- 早上在上班之前做一些简单的运动，如伸展运动。
- 如果你在办公室工作，不要打电话或发电子邮件给同事，走着去找他们。

31. 休息

美国著名的高中哲学家费里斯·布勒曾经说过:"现在人们的生活节奏很快,如果你没有不时地停下来看看四周,你可能会错过它。"

许多人在成年后的日子里都担心时间流逝,担心每天总是没有足够的时间完成一切。他们没有时间见朋友、去健身房、度假甚至午休。如果你是这样的,不要担心,并非只有你这样。

无论你的生活节奏有多快,你现在的步伐都是上一代人闻所未闻的。

近年来的技术发展加速改变了我们的生活。然而,尽管有这些创新，我们的身体并没有改变。它们刚刚进化到完美适应之前的环境，但是很遗憾，那个环境数千年来已经被我们改造了，而我们的身体还没有赶上。

与现代技术不同，我们的身体通常很容易理解和照顾。我们的"操作系统"建立在基本需求的基础上。

理想情况下，每晚需要6~9小时的睡眠，需要定时的营养餐食、阳光、洁净的水、一些体育锻炼、能够激励和启发人的工作、充满爱的关系。这听起来很简单，对吧？但是，再看一看上面列出来的，有哪些是你认为自己真正实现了的？

当然，其中一些需求没有得到满足也没问题，而且短期来看并不会对你造成任何伤害。但从长远来看，那就是另一回事了。每晚睡眠时间少于6小时的成年人的死亡风险比每晚睡足7小时的高13％，而肥胖的可能性则高30％。

你的身体一直在帮助你长时间工作、从事繁重的任务。如果你缺乏睡眠，那么身体会急切地等待着你停下来，好让它关机并自行修复。所以，如果你忽略它——要么是由于工作太努力，要么是养成了不良习惯，它迟早会做出回应。

在当今快节奏的世界中,你的身体有一项高于其他一切的要求——休息。

我们要继续过活跃、精神振奋、有社会交际和健康的生活,规则很简单:你给身体的挑战越多,它就越需要休息。

以下几件事可以帮助你更好地休息:

- 避免摄入咖啡因或者食用丰盛的晚餐。很多人会告诉你在下午"改喝无咖啡因的咖啡"以帮助缓解晚上的疲劳。但是,避免在夜里吃大餐也很重要,因为它们会刺激你的新陈代谢,让你很难入睡。建议你试着在睡前至少三小时吃最后一餐。

- 请勿在睡前饮酒。睡前饮酒可能会使你晕晕入睡,但饮酒后睡眠质量通常较差,并且这会导致夜里感受到烦躁等情绪。

- 不要睡多了。一件奇怪的事是,睡得更久并没有帮助。虽然它将给你一个修复自己身体的机会,但当你的睡眠时间过长时,睡眠通常会变得短而浅。睡9~10小时但经常醒，并不比7小时的优质睡眠更有益。

- 释放你的头脑。把在睡觉之前就平静下来定为一个目标。花一小时做些让自己平静的事，如阅读、冥想、听轻音乐或泡个热水澡。

32. 睡眠之美

我们已经知道，睡眠不足的人患高血压、中风、糖尿病和心脏疾病的风险比普通人明显更高。一项研究表明，肥胖也与睡眠不足有关。

显然，睡眠不好的人并不比睡得好的人懒惰。那么，是什么原因导致睡眠不足的人超重的呢？

睡眠不好的人的皮质醇（一种压力激素，通常与体重增加有关）水平会上升。这会激活大脑中使人感到饥饿的受体。因此，睡眠不足会破坏良好的饮食习惯。

睡眠不足似乎会损害额叶的活动，使睡眠不足的人失去理智而不愿选择吃健康的食物。这有点像喝醉了。

实际上，如果一个普通人每天不睡的时间达到17小时，就和人喝了两杯酒具有相同的效果。

当身体劳累时，大脑的杏仁核区域会参与进来，并尝试通过对高热量食物的渴望来弥补体内储备能量的不足。这或许可以解释看上去很疲惫的商务人士为什么爱在深夜去烤肉店。

人类的免疫系统也依赖于规律的睡眠。当我们几个晚上都没睡好觉时，免疫系统就很难抵御外来或有害的物质进入身体。如果持续睡眠不足，就会改变人体免疫系统的反应方式：许多睡眠不足的人无法抵御常见的感染。

对于大多数人来说，睡眠不足是由于选择不当的生活方式，而不是更深层的心理问题。所以，如果你从事的工作需要在夜里上班，或者因为你总是放纵地观看电视无法停下，你应该记下笔记——缺乏睡眠会形成习惯，不利于你的整体健康（无论短期还是长期）。

即使在周末，你也应该创建适合你的睡眠时间表并尝试坚持下去。这将有助于调节你的"人体时钟"，并及时改善睡眠质量。

33. 喝水的重要性

补充水分对人体的健康至关重要，因为这样做可以帮助人体进行呼吸、从食物中吸收营养并把它们转化成能量。

水还有助于消化，因此如果你便秘，喝大量水的效果比吃非处方药的效果还好。

如果这些理由还不够，补充水分对于调节体温和辅助脑脊液沟通也很重要，这一行为对激素和信号在全身的传递至关重要。

水也是人体"滑液"的重要组成部分，滑液能够润滑关节使其顺畅运动，因此我们在运动的时候不会感到痛苦。

尽管喝水的好处数不胜数，但仍有约90％的人喝的水还不够。一个人一天到底喝多少水才合适呢？

好吧，不同的建议相差很大，但是有一个好的经验法则是：

你体重的一半（以磅为单位）=你应该喝的水的盎司量。

是不是有点费解？并不是。特别是如果你习惯于美制单位的话。

它的意思是，如果你体重为180磅，那么你应该每天喝90盎司，约2.7升。

如果你希望以千克为单位来测量，就请按照以下公式进行计算：

$0.033 \times$ 重量（千克）

例如，180磅约为82千克。这样就等于$0.033 \times 82=2.7$升。

有许多环境因素会影响你需要的水的多少，如气温的高低，你在空调房间中度过的时间的多少等。如果你

在工作中说很多话,也需要喝更多的水,因为说话使你的嘴干得更快。

当然,你的运动量也会影响你需要保留多少水。所以,如果你出汗比较多,那也要多喝一点。

当你的饮水量合适时,不仅会改善整体健康状况,还能够提高你的警觉性、注意力和精力,甚至你的皮肤都会变得更加细腻。

你应该喝多少水?现在就算一算:

0.033×你的体重(千克):

每天需要的水=_____千克=_____升

或者

你的体重(磅):

每天需要的水=_____磅除以2=_____盎司

34. 如何长生不老

医学杂志《柳叶刀》报告，自2010年以来在工业化国家出生的婴儿约有一半可以期望寿命达到三位数。

你可能听说过日本冲绳县的居民普遍能够活到100岁。在全世界的百岁老人中，冲绳县的居民占的比例最高，是其他任何地方的四倍。在长寿榜单上，日本多年来一直领先，2015年，当地人的平均预期寿命为83.7岁。

第二名是瑞士，人们的平均预期寿命为83.4岁。截至2015年年底，这个国家有1562位百岁老人。

英国排名第20位，人们的平均预期寿命为81.2岁。

世界各地的人的寿命都比过去长。但是，由于英国政府撤销了原本默认的退休年龄，以及微不足道的国家退休金，数据显示超过15％的英国男性在70岁时仍在工作（2012年为10％），而70岁还在工作的英国女性人数从2012年到2016年则增加了一倍。

全世界的退休年龄都在逐步上升。如果你计划在65岁退休，而你的预期寿命是100岁而不是80岁，那么情况就会有所不同了。我们需要从一个新的视角来规划我们的老年时光。

补充营养很重要。冲绳人作为这个星球上平均寿命最长的人，他们的饮食富含蔬菜、海藻和鱼类。许多冲绳人习惯"腹八分目"（hara hachi bu，字面上的意思就是"吃八分饱"），就是说吃到感觉饱，但绝不吃撑。

20世纪80年代，乔治·伯恩斯在《如何活过100岁：终极饮食、性和运动书籍》一书中讲述了他的秘密：早起开始做45分钟的自由操（仰卧起坐、俯卧撑和伸展运动），然后在社区附近快走15分钟。这些练习为伯恩斯带来了令人妒忌的肌张力，这可能有助于他的长寿，还有就是他每天下午3:30进行小睡。他的畅销书是他在87岁时写的，而且正如你想知道的，他的确实现了他在该书书名中给自己设定的目标。

科学家渴望了解这种无敌寿命的关键,并且,随着我们学会控制和操纵参与老化过程的基因,"延长寿命的可能性似乎几乎不受限制",弗吉尼亚联邦大学医学教授威廉·雷格森如是说。纽约国际长寿中心高级合伙人哈里逊·布卢姆博士同意威廉·雷格森的观点,但他澄清说,这意味着"保持更好的饮食习惯、更健康的生活方式以及环境的持续改善"。

那么,该怎么做才能延长寿命呢?

少吃东西似乎是让人活得更长久的一种非常简单的生活方式。科学研究显示,通过减少消耗,我们最多可以将寿命延长50%。将我们每天消耗的卡路里减少20%,可以将我们的寿命延长几年,而定期禁食,则寿命可能会延长长达十年或更长时间。

对老鼠的研究表明,将饮食摄入的热量减少40%,可使动物的寿命延长30%,而猴子每天消耗的卡路里比之前减少30%时,它们最多可以多活15年,并避免许多与年龄相关的疾病。

实验室测试显示,服用白藜芦醇(红酒中的一种抗氧化剂）的果蝇活得比其他果蝇要长得多。人们发现，白藜芦醇中的去乙酰化酶（这类蛋白质类型参与调节细胞过程，包括老化和细胞对压力的抵抗力）可阻止热量吸收并延缓哺乳动物的老化过程。卡路里的限制触发了储存在体内的脂肪释放，并发送出现在该切换到生存模式这一信息。所以，偶尔喝一杯真的可能对你有好处。为这一点干杯！

在《生命就是有一天你会死》一书中，大卫·希尔兹汇集了许多有关该主题的建议。希尔兹认为，如果你想长寿，那就应该：

搬到乡下，不带工作回家，做自己喜欢的事，对自己感觉良好，养宠物，学会放松，活在当下，大笑，听音乐，每晚至少睡6小时，结婚，牵手，定期做爱，生很多孩子，与父母相处融洽，接受你在生活中的位置，刺激大脑，学习新事物，保持乐观，不吸烟，吃黑巧克力，喝红酒和绿茶，吃水果、蔬菜、橄榄油、鱼和家禽，定期运动，有明确的人生目标，冒险，有亲密的朋友，不要害怕寻求心理咨询，当志愿者，在社区中发挥作用，去教堂，有信仰。

这个清单很长。你做了其中的哪些？

我伟大的西尔维亚姨妈活到95岁。她是一位优雅而单纯的女性，在她去世前一个星期，我问她过得快乐而长寿的秘密是什么。"每天喝威士忌。"她宣布说。不过，在听完她的解释后（每天早上在茶中加一茶匙），我就没那么兴奋了。

现在，你可以把自己对身体的想法写在这里。

_____

_____

_____

_____

第四部

心灵

听从你的心灵,它知道方向。

——佚名

关于心灵

《牛津生活词典》对"心灵"的定义是：

（1）人类或动物的精神或非物质的部分，它被认为是不朽的。

（2）人类在情绪或智力上的能力或强度，尤其是在艺术作品或艺术表演中展现出来的。

在讨论人类心灵时，可能很难用特定的术语来定义它，也很难将其表述得非常清楚。但是，大概是因为无数的文明和宗教都认为它的存在是不言而喻的，至今它仍然是一个重要的概念。

当然，如果你去街上找人问他们认为做什么事情"对心灵有益"，他们一定会提出他们认为在抽象或精神层面上有益的事情。

一个普遍的想法是"哭泣对心灵有益"，仅仅是因

第四部 心灵

为有如此多的人压抑自己的感情。原始情绪常常可能出于礼貌或尴尬而被掩盖。并且，如果没有适当的出口，悲伤将逐渐变成很大的压力和愤怒。舒展情绪能够释放我们的紧张气氛并带来心灵上的一种释放。

另一个看起来无害、通常被假定对心灵具有强有力的长期影响的因素是乐观。研究显示，保持乐观的态度与减少孤独感、提升承受痛苦的能力等都有关系。

冥想也常被认为对心灵有益。练习冥想的人完全放空头脑并专注于当下，这样的练习提醒他们：自己的头脑是一个充满想法、感情和经验的人类的灵魂。冥想可以帮助我们恢复平静，并让我们的身心得到放松。

笑声最常被认为是对心灵的真正安慰，因为它减轻了压力并触发了能让人体感觉良好的化学物质内啡肽的释放。这提升了人的满足感和幸福感。

大多数被认为对心灵有益的事物，都能够滋养人的身体和头脑，这不是巧合。

市面上在售的关于编织、酿造啤酒甚至堆放木头的书有成千上万本。在这个忙碌的世界中，许多人越来越渴望回归本真，找到宁静并逃离喧嚣的世界。

这些人追求的是一种缓慢的、可持续的和沉思的东西，我对砍木头的热爱就证实了这一点。我砍伐、排列、堆叠、燃烧那些木头。就像我的邻居所说的那样，这便是好的木材对心灵有益的四个方面。那熊熊大火是由满足感而燃烧起来的。

正如艾林·卡格在其精彩的小书《沉默》中指出的，对心灵有益的活动是：

"人类的深刻需求。你为自己设定目标，然后实现目标。目标不是一下就实现的，而是随着时间慢慢实现的。你用手或身体创造一些东西……你创造的成果不只是那些能打印出来的东西。你的劳动成果是有形的产物，是你和其他人可以享受一段时间的结果。"

那么，你准备好了吗？我们开始吧。

第四部 心灵

35. 好奇的大脑

在我最早的回忆里,有贝丽尔姨妈送给我的一件礼物。它是个毛绒玩具——一只叫乔治的巧克力棕色猴子。

当年我大概四五岁。

当我拉动乔治背上的一条绳子时,它会用一个录制好的声音问我一些固定的问题。例如,"你好吗?""你叫什么名字?""你喜欢做什么?"

即便我很快就记住了乔治会问我的问题的顺序,我也一直有问必答并乐此不疲。因为我和我的猴子聊得很开心。乔治很酷,他是我的朋友。

每个在浏览器搜索栏中输入内容并按回车键的人，都是因为对某件事感到好奇。我们在一分钟内搜索了240万次，在每天里的每一分钟都是这样的。统计结果显示，全世界每天有近35亿次搜索。

74岁的布莱恩·格雷泽在《好奇的心》中认为，好奇心是"在酒吧、聚会和演讲厅中开始调情的火花。好奇心滋养着浪漫和所有优秀的人际关系，它是婚姻、友谊、亲子之间的纽带"。

正是好奇心使我们问诸如以下的简单问题：

- 你好吗？

- 你今天过得怎么样？

- 你现在感觉怎么样？

- 你最近在忙什么？

好奇心促使我们去倾听答案，并准备问下一个问题。

正如格雷泽指出的那样："好奇心可以为你的生活增添激情，并且可以增强你的安全感、信心和幸福感。"

如果你在商务会议中感到无聊，好奇心可以拯救你。

第四部 心灵

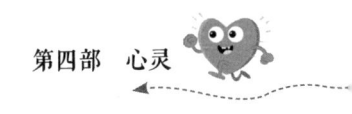

如果你厌倦了自己的职业，好奇心可以拯救你。

如果你生气了，好奇心可以帮助你逐渐地缓解沮丧的心情。

如果你感到害怕，好奇心可以给你勇气。

如果你觉得自己缺乏创造力或动力不足，好奇心可以治愈你。

心理学家将好奇心定义为"想知道"。它始于一种冲动、简单的欲望，但随后变得更加主动、更有探寻性，具体表现就是提出问题。动物学家Paul Meglitsch说过：

"……科学上的几乎所有重大发现都来自人提出一个新的问题，而不是提供一个新的答案。"

不幸的是，作为成年人，我们会将问题转交给浏览器。对于孩子来说，这些问题更加紧迫、有趣，即使问题只是一只叫乔治的可爱的假猴子问的。

然而，好奇心不仅是了解世界的一种手段，还是改变世界的一种方式。

阿尔伯特·爱因斯坦在1952年写给传记作家卡

尔·西林的信中指出:"我没有特殊才能。我只是充满激情地感到好奇。"

在尽我所能进行搜索之后,只有两样东西是我在如今的互联网中无法找到的:

- 尚未提出的问题的答案。
- 一个新的想法。

互联网虽然如此奇妙,但它只能告诉我们已经知道的东西。

想想你自己在工作和生活上的经验。有一点应该是很明确的,那就是真实的人际关系是建立在好奇心的基础上的。要做一个好老板,你就必须对和你一起工作的人感到好奇。要成为好伙伴,你就必须(并保持)对对方感到好奇。要当一个好的父母、朋友或同事,你也需要对对方感到好奇。

格雷泽创造了他所谓的"好奇心对话",他常常用这种对话来接近或者吸引他想认识的人。他对每个人都说了相同的开场白:"我一直对你的工作感到好奇。我正在努力增加自己在这一领域的知识,你愿意花20分钟谈谈你的工作、挑战和满足感是什么吗?"

无论你是想提高自己在这个世界上的地位、想制造出轰动的东西或者只是想让自己的生活增添一点令人兴奋的东西,遵循格雷泽的方法就能做好:

(1)明确说出你想听的别人的故事。

(2)提前想清楚你要如何结束对话。准备一些开放式问题,例如,"你第一次的成功是什么?""你为什么决定做自己的工作?""告诉我你必须克服的重大挑战。"

(3)保持灵活性。不要拘泥于你准备好的问题集。要进行提问和倾听,然后问更多问题,你的目标是不断学习。

(4)尊重时间。

(5)表达对对方进行分享的感激之情。

正如爱因斯坦于1955年在《生活杂志》上所说的:"重要的是不要停止质疑。好奇心有自己存在的理由。"

另外,好奇心是民主的,而且是免费的。你不需要特殊的培训课、防护服、高科技设备、智能手机或连接高速互联网,就已经拥有了你所需要的一切:你天生是好奇的,去问吧!

36. 倾听

如果真的在乎生活中的人际关系，我们就必须注意倾听。

你是否遇到过这样的情况，有人介绍了一个人给你，然后你在得知这个人名字的几分钟后突然意识到，你已经想不起他的名字是什么了。这是令人惊讶的普遍现象，而且在大多数情况下，这与记忆不好无关。你可能一开始就没有记下这个人的名字。

我们的大脑经常没能记住全部细节，因为我们常常急于忙着思考我们接下来要说什么，以努力避免尴尬或者沉默。

我们对这种尴尬时刻的恐惧是自然而然的，毕竟没有人愿意显得无聊或愚蠢,特别是在恋爱或邂逅刚开始的时候。因此,在这种情况下很难做到很好地倾听他人,但实际上你只需做一点练习即可。

想一想在你的生命里启发过你的老师、讲师或领导,是什么让他们有那样的影响。

你可能感谢他们表现出对你的想法或要说的东西感兴趣,这让你感到自己受到了重视。

下次你与别人说话时,不要试图用智慧的回答填补对话中的空白,来表现你在对话中很投入,而要学会在心理上向后退一步。

当对方说话时,要看着对方的眼睛。这将帮助对方保持专注,并让你摆脱周围的干扰。深吸一口气,努力去倾听对方在说什么。

这样做你会发现,你的回应会更诚实、更有条理、更有针对性,并且你与对方会有更强的联系感。

长此以往,专心聆听会成为你的第二天性,你会发现自己不仅能更清楚地听到词语,还能去感受它们背后的情感。这将帮助你建立更多稳固的关系,人们自然而然会被吸引来,与你这样出色的聆听者交谈。

37. 助人为乐

世界上的情绪似乎经常随着当前的经济压力而波动。

当2007年的国际金融危机袭来时,紧随其后的是明显的态度转变。政治突然变得更不宽容,更急于责备对方,许多人似乎看不清个人情况之外的整个局势。

用马丁·路德·金的话来说,有时候我们精神上的慷慨程度与我们口袋里钱的多少有直接联系,这似乎比与我们的"品格优劣"的联系更紧密。

危机过后,全球人民的幸福感大跌。这不仅是因为广大民众感到生气或害怕,也因为所有人都感到有点沮丧，从而表现出的善良而无私的行为减少了，而这恰恰是能够增强个人幸福感的最有力方法之一。

当你实现自己的目标时，如得到自己梦想的工作，获得新的资格证书，或只是享受一个当之无愧的假期，你自然会感觉很好。然而，当你为他人做事时，你的整体幸福感会大大增强。

美国心理学会的研究已经证明，随机做些好事，可以极大地提高我们个人的满足感。当我们进行无私的举动时，大脑会释放催产素，即"爱的荷尔蒙"，提高我们的乐观程度和自尊心。

耶鲁大学的一项研究发现，善举能够提高你应对压力的能力。报告显示，源源不断的催产素形成了一道人体的保护屏障，抵御着压力对我们的思维方式可能造成的负面影响。

我们日常生活中的一些利他行为可能会对我们的幸福感产生巨大的影响。这样的行为不一定是要从燃烧的建筑物中救出孤儿，也可以是非常简单的，如捐一罐豆子给食物银行，偶尔与年长的邻居一起喝茶，在交停车费时多放点零钱，或者在公共交通中给孕妇或老人让座。

正如约翰·鲁斯金所说的:"一点小小的想法与善意,其价值往往比付出金钱的意义更大。"一旦主动寻找展现善良的方式,你就会发现机会并不少,做出善举之后你也会感觉很好。

今天,你面临的挑战是找到三个做好事的机会,让催产素流动起来。准备好了吗?那就去做吧!

38. 在恐惧中生活

2014年，我受邀在由TED组织的活动中发表演讲。听众听到有个疯狂的家伙在日内瓦湖上和大白鲨一起游泳，就会认为他一定有一些很有趣的事。

然而，鲨鱼只是故事的一半。

其实我从小就怕水。湖、河、游泳池甚至浴缸，我统统都不喜欢。童年的一次露营，我的父母鼓励我和妹妹在苏格兰山上的一个冰冷的小湖里玩，这些回忆至今仍让我颤抖。几十年后，生活在日内瓦湖旁边的我，仍未克服这种恐惧。

害怕水并不寻常。但很多人害怕鲨鱼都是因为那部电影。

但我不是那样的，水就足以让我心跳加速。每当我穿上潜水服时，我的大脑就会失控，情不自禁地想象所有可能出问题的地方：我的储气罐爆炸，呼吸器出现故障，我沉到了海洋底部……这些情况我统统称之为"假设"。

尽管当今人类享有前所未有的安全和舒适水平，我们还是提倡"恐惧文化"，以便我们应对生活中面临的不确定性和变化。在焦虑的笼罩下，现代社会往往认为犹豫和过度警惕是不作为的有效理由。那些"如果发生……"的假设，是我们当今生活中不变的一个部分。

你看，我们的生活越忙，路就越窄。当我们选择舒适而不是挑战时，负面思想就会在我们的脑海中游荡，我们的头脑试图通过减少可能要做的事情的清单来帮助我们避免焦虑。那些"如果发生……"的假设，是强大的过滤器。

我花了20年的时间才理解马克·吐温的观点：勇气不是不恐惧，而是掌控恐惧。我的方法并不复杂，只是将那些"如果发生……"的问题变为"如果可以的话，该怎么办？"，让我不受任何限制地思考无限的可能性而不是问题。这样，我慢慢地克服了恐惧感，使得自己难以置信地靠近海洋的顶级掠食者，重新定义了对风险的看法并利用了恐惧的力量。这成了我一生中最振奋人心的时刻之一。

那么，你在担心什么呢？苏珊·杰弗斯在《感受恐惧，大胆去做》一书中提出了一个观点：去尝试跳伞，接近蜘蛛，学习潜水。如果可以的话，你会做些什么呢？

39. 我要成为……样的人

我喜欢鲨鱼,你可能从上一章中已经了解到了这一点。

所以,当我8岁的侄子查理请我来给他和他的同学讲鲨鱼时,我同意了。

我给《财富》500强企业的一些CEO和高管们演讲过,也在TED上演讲过,你觉得演讲对我来说就是小事一桩,对吗?错了。孩子们是不同类型的听众。你不能只对着他们讲,你要和他们一起讲。

成年观众对我与世界上最臭名昭著的"食人者"进行的亲密互动感到惊讶,30个孩子虽然也着迷,却将我与5米长的大白鲨一起游泳的故事看得和课间休息时在操场上踢球一样正常。演讲结束时，我问谁想和鲨鱼一起游泳，现场所有的孩子都举起了双手。有个孩子告诉我，他打算成为一名深海潜水者，在沉船残骸中寻找宝藏。另一个孩子想成为渔船船长，在冰冷的海洋中追捕巨大的螃蟹。一个腼腆的女孩子说她想成为滑水冠军。他们都对自己的未来如此兴奋。对他们来说，没有什么是不可能的。他们对自己的梦想那么激动，完全相信自己有出色的能力。其他的孩子也分享了自己关于当宇航员、到非洲做拯救生命的医生和成为代表国家参赛的顶尖运动员的想法。他们相信的，不是"任何事情都是可能的"，而是"没有什么事情是不可能的"，后者范围要广多了。

我们都可以很出色。只是随着我们的成长，我们忘了这一点。

当年龄变大时，我们就陷入了评判的陷阱：很快地评价什么是出色的、什么不是。在迫切地追求下一个更大的目标时，我们会全心投入，然后就抛弃这些活动与经历，就好像它们只不过是昨日新闻而已。

当结束了关于鲨鱼的演讲回到家时,我思考了对自己未来的愿景。几天之后,我在阁楼里发现了一个装着儿时旧笔记本的盒子。翻开这些笔记本,我找到了写着"我的未来"这一页,并带着兴趣读下去。在和查理一样的年纪,我写下了"我要成为杂技演员"的愿望。

虽然今天我肯定不会再幻想着做从直升机上跳下去、躲子弹或跳火圈等危险行为,但我经常感到自己还保持着激情,因为我过着充实的生活。

兰迪·科米萨在他的一本名叫《僧侣与谜语》书中说道,"最危险的事情是,不要把生命花在做你想做的事情上,而要赌你以后会有钱买到做这件事的自由"。

我们都有选择,只是生存或过真正不凡的生活。那么,你会选择哪一种生活方式呢?你如何才能做得出色呢?

40. 一个人的孤岛

不久之前，我在长途旅行中和旁边的人聊天。我们都是去中东出差，要回欧洲。喝了一杯酒之后，我们聊起了自己平时的工作、住过的酒店，以及当地出租车找不到正确的方向等故事。

我们互相说了去过的国家，首先是排在前三位的国家，然后是那些我们宁愿忘记的经历。为了说些好玩的，我问她有哪里是她想去但还没去的。

她的回答是"斐济"。"因为那里有300多个岛屿，我一定会为自己找到一个。" 独处的想法，即一点安宁和安静是大多数人不时渴望的东西。随着我们的世界越来越忙碌，工作和生活之间的界限越来越模糊，我们很自然就想撤退到一个只有我们自己的地方。

"不过，我永远不会去。"她补充说道，"太远了。去那里要花太长时间了。我也没有时间。"

20年来，我父亲一直在读同一本书《一个人的孤岛》。书中作者分享了他在南太平洋深处的一个荒岛上生活的故事，那个地方的确离斐济不远。汤姆·尼尔是新西兰人，他当时50多岁，独自在苏瓦洛夫上住了几年时间，那是库克群岛的一个珊瑚环礁。我父亲每年都把这本书读上三四次，多年来已经买了好几本借给朋友，几乎每个人都被它迷住了，所以那些书很少有还回来的。我父亲只是微笑着，然后又开始买书，因为他知道它已经点燃了那些人心中的激情。

11年前，为了庆祝父亲的65岁生日，我安排了一次旅行，准备带父亲去苏瓦洛夫。这并不容易，我们从苏格兰出发，换乘了好几个航班，最后终于到达萨摩亚，匆匆到首席冒险家罗伯特·路易斯·史蒂文森（和同伴斯考特）住的房子朝圣，然后登上一艘生锈破旧的船离开前往那个小岛。

第四部 心灵

经过四天的公海航行（以及无可救药的晕船）后，凌晨4点之前，太阳从海平面升起，第一群鸟出现了。一小时后，我们就可以认出远处的棕榈树。两小时后，我们上岸了。

连续三天时间，我们都睡在船上，每天早上划船到白色沙滩上，在棕榈树下悠闲地消磨时光，吃着椰子、面包果、餐盘大小的螃蟹，以及用裸露的钩子从海里拉上来的新鲜的鱼。

第四天是我们在苏瓦洛夫停留的最后一个夜晚。在父亲睡着两小时之后，我的同伴准备了橡皮艇，我把包收拾好。之后我叫醒父亲，让他上到橡皮艇上，我们就匆匆出发了。

第二天，我们醒来时阳光灿烂，光线透过破旧的空窗框上的破麻袋布照进来。我们住在汤姆·尼尔的小木屋里。他的旧地图贴在墙上，他的书在架子上已经烂了。在这样的一个晚上，我们就在那里，有一个属于我们自己的小岛。

人们会以为是原始的海滩、充满异国情调的新鲜水果和完美的蓝色大海成就了这次旅行。但实际上，正如我和父亲经常一起讲述这些故事时一样,我们在内心深处知道,是冒险本身令这次旅行如此难忘。是的,正是漫长的旅行、我们的船的状态、不断的晕船、鲨鱼把我们的鱼从钓线抢走、前往尼尔的岛朝圣、毅力以及找路所花的那些时间在那些时刻里,只有我们父子二人在一起,使得这里成了天堂。

　　属于你的天堂和岛屿在哪里?你需要做什么才能到达那里,哪怕只是待上一晚?

41. 真的很饿的毛毛虫

今天我敬畏地看着鲜绿色的毛毛虫吞食我花园里的白菜叶。

它有条不紊地咬，咬出的图案使叶子就像复杂的骨架，让人联想到最精致的蕾丝。

早在19世纪，法国植物学家让·亨利·法布尔就在普罗旺斯的花园里进行了一次有趣的实验。法布尔拿了一个花盆，小心地将几条"列队毛毛虫"（顾名思义，这些小家伙喜欢排队）排成一行放在花盆的边缘。

法布尔将几根松针（毛毛虫最爱的食物）放入锅中。毛毛虫漫无目的地跟着彼此，直到它们形成了一个完整的圆圈。然而它们找到的只是自己的气味，所以只好停下来，这些毛毛虫显然感到很困惑。然后法布尔擦了花盆的边缘，毛毛虫再次开始了它们的游行。

差不多八天后，毛毛虫掉下来死了，它们筋疲力尽，由于没有食物所以饿死了，然而食物仅在几英寸之遥。法布尔惊讶地说道："我认为它们痛苦的胃能引发一点微弱的智慧之光，看来我对它们期望太高了。"

尽管我不知道有哪只毛毛虫声明过自己有高等智慧，但无论饥饿与否，我们人类与列队毛毛虫并没有太大不同。在生活中，我们经常也只是按着惯性前进，跟随潮流，跟随我们前方的人，将活动与生产力混淆在一起。

经过一段时间的这种游行之后，我们可能不会像毛毛虫那样肉体死亡。但是，精神上的死亡肯定会到来。你是否曾经觉得自己在原地打转？

我们对生活的满足感是我们幸福的重要组成部分。毫无目标地游走还期望收获成功或回报，就像毛毛虫一样，其实是在绕圈。如果我们想过充实的生活，关键是设定目标。

因此,在法布尔介入并用他的抹布擦你的生命边缘之前,想一想你要争取什么。

你的"痛苦的胃"应该引发什么苦难?你一生中渴望的是什么?树立有意义的目标并稳步取得进展,才能得到幸福。

因此,你现在的任务是识别三个明确的目标。准备好了吗?

(1)家庭目标

_____

_____

_____

(2)工作目标

_____

_____

_____

(3)生活目标

_____

_____

_____

  现在有了目标,你必须朝哪个方向前进才能让它们成为现实?

_____

_____

_____

42. 迷走神经里发生了什么

迷走神经是副交感神经系统的一部分。

当你快乐而放松时，它会向你的身体发送信息，开启你的休息和消化模式，而关闭与压力相关的"战斗或逃跑"的机制。

研究人员发现，"迷走神经张力"较高与个人体验到的积极情绪和增加积极的社会联系的能力直接相关。但是，它也表明社交关系增强了迷走神经张力，从而创造了一种可以改善身心健康的、自我延续的积极周期。

新经济基金会和英国国家医疗服务体系的研究确认，社会联系对幸福具有明显的积极影响。但这并不意味着我们都需要成为交际花才能快乐，我们只需要更好地管理我们参与的社会关系类型即可。

有三个或以上的好朋友足以让你抵御大多数心理障碍，但这些朋友应该是支持你和鼓励你的朋友。

经常抱怨自己的问题、从来不想听你的生活里发生了什么的朋友，不可能对你的身心有积极的影响。在背后讽刺挖苦你或试图在别人面前贬低你的人，也不可能对你的身心起到积极的作用。

想想你生活中忠诚的朋友，学会珍惜他们。爱和支持，特别是无条件的爱和支持应该受到重视。培养亲密的人类纽带，并不需要多少技能，但的确需要一些努力。这样的努力可以帮助你过上更快乐、更健康和更充实的生活。

43. 生活是一张白纸

生活是一张白纸。白纸让写作的人感到恐惧。白纸比最不留情面的评论更令人胆怯，比最糟糕的散文更令人沮丧，比逾期的截止日期更令人焦虑。

在写这本小书时，我有过很多担忧，也分享了这些担忧。

50章的长度似乎很合理，所以我就开始写了，就这样一直写下来。突然，我的文思枯竭了，写作障碍来了。我盯着空白页，空白页也盯着我。

但是，今天早上我从安妮·拉莫特的《一只鸟接着一只鸟》一书中寻求智慧。我被一小段文字所吸引，这段文字提醒我:"为了以合理而激动人心的方式来讲述我们的故事,我们所需要的一切都已经存在我们每个人身上。你需要的一切都存在你的脑海和回忆中,存在你的感官所提供的一切中,存在你所看到、思考和吸收的一切中。"

研究表明,自由写作(将思想写在纸上的行为)有助于我们进行更清晰的思考。所以,认真进行复盘吧,反思自己的故事。拉莫特鼓励我们:"你所想的、所感受的,都是宝贵的。抱着这样的态度,你可以将其全部记录在纸上。"

因此,翻回空白页开始涂鸦吧。记录下自己的想法和感受,倾听自己内心的声音。

正如拉莫特所说的,"当你不再那么努力控制自己的思想时,你将有直觉的预感"。

我很想知道你这么做以后会有什么样的直觉预感。

44. 快乐优势

研究表明，人们将幸福列为生活中最重要的事情，它往往比成功或收入更重要，甚至常常高于家庭纽带和人际关系。

我们可能认为，幸福并不直接与地位、收入水平、教育程度、性别或种族有关。所以，年轻的行政助理穿着旧网球鞋骑车上班，可能和高管开着顶级豪车到办公室一样快乐。

人们对幸福的追求，使心理学家深深着迷，也引起了媒体记者、好莱坞电影制片人和社会的普遍兴趣。

研究表明，我们可能天生就"幸福"，人类的欢乐和主观幸福感最多有50%是从父母那里来的。根据研究，我们每个人出生时都有一定程度的幸福，这被称为"快乐设定点"。幸运的是，对于我们大多数人来说，这个设定点通常在零以上，即快乐的一边。

我们的幸福大约有10%来自环境，即我们住的地方、挣的钱等，而高达40%来自有意识的活动，即我们选择要做的事情。

美国明尼苏达大学社会心理学家戴维·林肯和奥克·特勒根在一项针对2300多人的研究中发现，将近90%的人认为自己的主观幸福感和长期幸福感的水平很高。很可能是因为随着人类的发展，那些脾气暴躁或痛苦的前辈在生存竞争中收入较少，并且在交配游戏中运气较差。这个想法促使研究人员提出，人类在自然选择的过程中已经进化出了对积极的幸福的偏好。

拥有积极心理学家所说的"快乐优势"，或者乐观、积极的心态已经被证明，可以帮助医生将诊断的速度和准确性提高近20%，将销售人员的命中率提高37%以上，将办公室工作人员的效率和工作满意度提高超过30%，有助于提升人们的创造力和韧性。

还有一件事也影响我们的幸福。该研究指出，无论你是感觉良好还是倾向于看到玻璃杯的一半是空的，在所有的事情当中最能提升幸福感的是感恩。

研究人员发现，怀有感恩的态度，即认可并感谢我们生活中的东西，可以提高大脑中多巴胺的水平，意识到自己还活着，并向外展现出幸福的感觉。

现在尝试找出你一生中要感恩的五件事。也许是一直在你身边的老朋友，也许是在外面吃的一顿大餐，美味的家常菜，稳定的工作，充满爱的家庭，今天天气是晴天等。你要感恩什么？

（1）_____

_____

（2）_____

_____

（3）_____

_____

（4）_____

_____

（5）_____

_____

就像其他习惯一样，为了改变我们的大脑并获得快乐，我们需要坚持这种新方法至少28天。

所以，将一个笔记本放在床边或咖啡机上，或者在你每天都能看到的地方。在接下来的四个星期中，每天花一点时间记录你的感激之情。仅需28天的时间，你的行为将变成习惯，这将有助于维持升高你的多巴胺水平，使你笑容绽开，给你带来幸福感。

45. 联系

我的朋友戴夫是领英上的超级巨星。他的个人资料里炫耀着自己与来自各行各业的人和世界各地的联系，尽管其中的许多人几乎不认识他。

戴夫接受每个人的好友添加请求，他努力向与他有交集的所有人发出邀请，包括他在大型会议上遇到的演讲者、工作中的新同事、他坐火车上班遇到的陌生人。

休斯敦大学研究教授布伦内·布朗认为，"连接就是我们存在的原因"。她说的是对的。人类是社会动物，这意味着我们需要身处人群，才能感到自己是部落的一部分。

但人际关系需要信任。

真正的联系建立在真诚的基础上。

这些联系通过同情心加深。

史蒂夫·乔布斯表示:"你无法在往前看的时候将那些点关联起来——你只有在回顾某事的时候将它们联系起来。所以你必须相信,这些点在你的未来将会以某种方式联系在一起。你必须有自己的信仰——你的直觉、命运、生活、业障等。"

布莱恩·格雷泽是好莱坞最成功的电影制片人之一。他制作了多部影片,包括《现代美人鱼》《阿波罗13号》《美丽心灵》《8英里》《达·芬奇密码》,你很可能已经欣赏过他的作品。但是,他成功的关键是什么?

格雷泽一开始只是一名初级文员,但他有着成为获大奖的电影制片人的远大理想。他为自己定了一条规则:每天必须在娱乐圈新认识一个人。

如今,格雷泽已经67岁,仍然恪守这一规则,他证明了乔布斯的话是对的。多年来,格雷泽的人脉包括顶级演员、媒体大亨、流行歌星、皇室成员甚至美国总统。这些关系帮助他打开了门，并为他创造一些令人难忘的好莱坞大片。他们帮助他实现了梦想。

那么，现在如何将格雷泽的规则应用于你的生活呢？想想应该如何连续六个月，每天努力结识新朋友。在你的行业中，你想工作的或你感兴趣的领域。你不需要进行深入的持续数小时的有意义的对话——只要与他们见面并聊五分钟即可。你甚至可以通过电话或社交媒体在手机上进行（虽然格雷泽总是和人见面）。

快进到六个月后，你将在你自己的工作领域中认识你现在不认识的180个人。假设这些人中，只有10%的人能提供一些东西，哪怕只是一个新观点、一种技术专长或者一个好主意，那也是你身边非常好的18个新盟友。

格雷泽的规则强调了连点成线的要点，即你首先必须收集那些点。

这是我的朋友戴夫理解得很好的一点。也许我应该把你介绍给他。

46. 使命：直觉

成为"老板"可能很困难。你不仅要担心收入、成本、人员配备和不断发展的竞争市场，而且无论何时都要做出决策，大家都期望你清楚地知道该怎么办。

一直做正确的决策，领导需要承受巨大的压力，因为通常情况下变数很多，让人无法做出完全明智的选择。同时，大多数领导者都知道，在股东、平级和员工面前表现出犹豫或软弱将会是灾难。

身居高位的人总是很寂寞，他们找不到可以支持自己的人，这就是为什么许多领导者会感到自己被他人孤立了。通常情况下，巨大的不确定性和害怕做出错误选

择的恐惧感，会令人产生窒息的压力和焦虑，使他们犹豫不决。

比较有经验的领导者，包括布兰森、盖茨、乔布斯和曼德拉在内，会选择不同的路线：他们会倾听自己脑海里那个被称为"直觉"的小小的声音。

无论在生活中做什么，无论何时你尝试从合乎逻辑的地方寻找答案，你都可能发现自己陷入困境。问题在你脑中，让你心神不宁，比较有效的方法通常是放松和听从自己的直觉。

我们的直觉或者说"源智能"处于我们的内心深处。不要将其视为不合逻辑的废话，而要将其视为"内心的声音"，因为这是一种内在的本能感觉，它告诉我们，思维分析下我们的内心感觉是什么。

最成功的商业领袖认为，他们成功的秘诀正如乔布斯所说的那样，要有勇气听从他们的内心和直觉。遇到需要决策的问题，可以凭直觉想办法，而不是对问题苦思冥想，可以试着放手让自己接受头脑里自然而然的一些想法。

如果你从未在直觉上投入太多精力，那就开始关注自己的想法，看看会发生什么。当新的机会降临时，你将发现自己能够快速做出决策，而不用当事后诸葛亮。

47. 关系网的支持

与周围人的牢固关系，对我们的身心健康，以及应对生活中挑战的能力有着巨大的影响。

而另一方面，被他人孤立和孤独感是引发焦虑和抑郁情绪的重要因素，而且令人惊讶的是，这两点对我们的身体健康也有可怕的负面影响，它们给人造成的影响几乎可以与吸烟和肥胖相提并论。

我们可能会与自己交往的人，即伴侣、朋友、家人和同事争吵，同时偶尔会感到来自他们的压力或因他们而沮丧，但这都是很正常的。在任何关系中有激烈的争吵，是完全正常的。

在能够相互鼓励和支持对方的关系中，我们倾向于分享问题，并且无论是有意的还是无意的，会将周围人作为参谋以帮助我们正确地看待事物和做出更好的判断。

知道可以得到他人的支持会提高我们的安全感和自尊心。当然，只需知道你身边有人想陪着你就已经令人愉快了，即便在圣诞节。

当处于关系之中时，我们常常把关系当作理所当然的。看看许多人的日常互动都被关于洗碗或扔垃圾这样的讨论所占据，可能就不难理解我们为什么把关系当成理所当然了。而且能够相互鼓励和支持对方的关系大大提高了我们的生活质量。

有心理健康问题（如焦虑或抑郁）的人，与社会关系受损或恶化的人之间有着极大的关联，这并非巧合。

珍惜你拥有的能够相互鼓励和支持对方的关系。在功能层面上，你的整个见识和生活方式都基于它们——无论你是否意识到了这一点。

你可以花一天时间思考你生命中的重要关系，想想它们如何滋养你。如果它们不在了，生活将会变成怎

样呢?

你的生活还会有同样的意义感和目标感吗?

好!那么,你本周什么时候可以留出来给它们?下周?从现在开始?

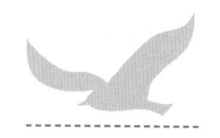

48. 高山

在19世纪之前，人们认为山脉是地表景观中广阔、不可逾越的部分，它们那隐约可见的、不可知的山峰能够触及天堂。

后来，登山运动风靡一时，它不仅作为一项运动，也作为一项展示登山者勇气的活动。它成为年轻人通过探险未知来证明自己勇气的一种方式。

1865年，当英国登山家爱德华·怀默战胜死亡的威胁，成功登上马特宏峰的顶峰时，他被公认为英雄。

逆境出英雄，高山是充满着惊险和刺激的地方，因为它们的条件极端恶劣。因此，不能保证登山者的安全。

乔治·马洛里关于珠穆朗玛峰的名言"因为它在那里",实际上并没有说明为什么登山者很喜欢这项运动。对许多人来说,攀岩的行为更多的不是物理上的征服,而是自我发现的旅程。

虽然我们经常会听到诸如"无风险,无回报"这样的陈词滥调,但实际上大多数有经验的登山者都认为,登山所涉及的风险是固有的。当登山者紧攀峭壁时,空幽的山峰给人以生动的感觉,正是这种感觉给了他们再回来的冲动。

这种风险构成了这种体验的核心——一种令人陶醉的自由感。同样,那一刻这样的风险迫使登山者活在当下并克服自己想要放弃的念头。

我们如何在生活中面对逆境,是自我实现的重要一步。当面对极端情况时,我们是会选择恐慌回头,还是会找到继续前进的力量呢?

今天你可能没有爬山,但有一个经验教训是我们在这里都是可以学习的。要真正体验生活和理解我们是谁，不能选择障碍最少的那条路，我们有时需要走出舒适区，面对自己的恐惧。

正如英国诗人艾略特曾经说过的："只有那些愿意冒险的人，才可能发现一个人能走多远。"

第四部　心灵

49. 一切都取决于我们

在一个互相联系的世界中，沟通所带来的挑战与日俱增。有效的沟通不再只是语言问题，如今它也包含了我们生活中范围广泛的产品和服务，还包含态度、信仰和文化之间的相互作用。

无论是在工作还是在生活，无论是稳固的关系还是新的关系，我们所有人都时不时有这样艰难的时刻：渴望被他人倾听，渴望能够将自己的观点表达清楚，鼓励自己采取行动，想要与另一个人建立真正的关系。

好吧，是除了大卫·阿滕伯勒爵士以外的我们所有人。在我看他的BBC电视节目《蓝色星球Ⅱ》的最后一集时，当他直视我的眼睛说"现在，所有生命的未来都取决于我们"时，我差点从座位上摔下来。

塑料垃圾充斥着海洋——鸟类误将塑料喂给它们的后代；一只变形的乌龟被困在塑料包装内；母海豚给小海豚喝有毒的奶；鲸鱼的嘴里被塑料桶塞住……看到那些图片，你很难感受不到他说的那些话的力量。我确定他在和我说话。因此，我发誓立即停止使用一次性塑料，如外卖咖啡搅拌器和塑料袋，并开始在出差的时候带上水壶。

在观看和阅读阿滕伯勒的作品多年之后，我终于知道了他的成功取决于听众做的三件事：

（1）理解（他说的是什么）。有句名言说，只有当你自己完全明白一件事情时，你才能真正解释它。或者也可以这么说，我们应该说得让8岁小孩都能理解我们想表达的意思。所以，把信息分解，并像阿滕伯勒那样使用类比、大胆的图像和简单的话。

（2）同意（他的观点）。发生这种情况的唯一方法是让你的信息接收者了解信息对他们有什么好处。是什么将他们与你要说的话联系起来？用有意义的事实说清楚并强调你的观点。虽然人们能够理解逻辑，但我们通过情绪建立的联系更稳固。这就是为什么阿滕伯勒的号召如此有说服力。当他在《蓝色星球Ⅱ》上告诉我们,我们在屏幕上看到的毛茸茸的小鸡在几天之内就会死掉三分之二时,这比他说只有33％能够生存下来,影响要大得多。

（3）感觉（必须行动起来）。在所生活的繁忙世界中,我们总是有要做的事情。我们的清单一天天地变长！因此,如果你希望某人做某事,就要明确地提出来。不要提供建议列表,而要明确指出你想看到的行动,就像阿滕伯勒做的那样。

阿滕伯勒改变了世界对塑料的看法。在《蓝色星球Ⅱ》最后一集播出后的几分钟内,社交媒体上充满了个人对立法者、政府和商业公司采取行动的呼吁。

他是对的,但众所周知,这取决于我们。

50. 死亡

如果你曾经请过私人健身教练，那么我可以理解你可能认为他们是某种超级英雄。让我们面对现实吧，那些穿着莱卡紧身衣、肌肉发达的人可能只会扭曲你的认知。

实际上，即使身体最健康和健康意识最强的人，藏在肌肉发达、线条优美的肉体下面同样也只是一个人。而且可悲的是，就像我们的其他人一样，有一天他们也一定不可避免地会死去。

最终我们都有死去的那一天。那与你做了多少个卧推、在跑步机上跑了多少千米或你吃了多少克羽衣甘蓝

第四部 心灵

和姜冰沙无关。在某一时刻——希望是在遥远的将来，你的身体会关机，你会结束最后一次呼吸。

当谈到死亡时，我们能要求的最好的就是，希望到时候不至于太难堪。死亡令人恼火的部分是，我们永远无法知道它什么时候会发生。尽管如此，尽力做你能做的事情来保持健康仍然是有意义的，即使只是为了延迟不可避免的死亡。

英国女王伊丽莎白·鲍斯·莱昂是英国在第二次世界大战的黑暗日子里的力量象征和英国进入新千年的标志，她能够活到101岁。她的秘密是什么？态度。

"如果你一生都在做你应该做的所有事情，那会不会很可怕？"她曾经说过，"不喝酒，不抽烟，不吃东西，大量运动，所有你不想要的事情……然后突然有一天，你被一辆红色大巴士撞倒了，当车轮轧过你的时候，你会说：'天哪，我昨晚本来可以喝得酩酊大醉的！'那才是你应该过的生活方式，就好像明天你就会被一辆红色大巴士撞倒一样。"

即使我们知道自己终将死亡，也应该尝试每天计算卡路里计数和进行体育锻炼。

所有人都只有一次生命,所以我们需要充分利用它,活在当下。我们每天都应该花点时间感受血液流经血管,并意识到活着就已经是很好的一种权利。我们所有人都需要记得偶尔放下我们的头发,脱下运动鞋,举起酒杯,微笑,享受活着的感觉。

当那一天来临时,你的过往将在眼前闪烁,所以应该确保你的一生中有一些非凡的时刻值得回顾。

快速地列一个清单:记下你想做的但从来没有做的五件事。它们可以像你希望的那样大胆,如"裸体跳伞",或者低调一点的,如"爬树"。

(1)_____

_____

(2)_____

_____

(3)_____

_____

（4）_____

_____

（5）_____

_____

好，第一部分已经完成。现在决定好今天要做其中的哪一件事。

我知道你在想你是否真的应该开始做这件事，所以让我们以20世纪80年代脱口秀节目天才克莱夫·詹姆斯的话来结束吧："停止焦虑吧，因为没有人能够活着离开这个世界。"

你可以在这里写下自己对心灵的想法：

（1）_____

_____

（2）_____

_____

（3）_____

(4) _____

(5) _____

结语

好吧,你读完本书了。很棒!

现在,花一点时间,回想一下你看过的内容。你一直在做什么?你感觉如何?

深深地呼吸……

然后开始回答下列问题。用1(低)到5(高)的分数来回答。

(1)你现在感觉有多好?

1 2 3 4 5

(2)在过去的30天里,你有多高兴?

1 2 3 4 5

(3)你觉得自己的生活有意义吗?

1 2 3 4 5

(4)你是否觉得自己有足够的情感和社会能力维持

你现在的生活？

1 2 3 4 5

（5）你对自己现在的生活有多满意？

1 2 3 4 5

翻回到你在"1. 幸福究竟是什么"中做的小练习。你现在的答案和之前的相比如何？你认为为什么会这样？是什么改变了你？你现在想把重点放在哪里？

_____

_____

_____

_____

50种方法之外

世界卫生组织对"健康"的定义是"健康不仅是身体没有疾病或虚弱，而是一种在身体上、精神上和社会上的良好状态"。

我认为"幸福"就是我们有多快乐、多满足、多舒适、多满意。但是请记住，这一切都是关于你的。因

结语

此，无论你如何定义幸福都好。

我们探索了50种方法用于掌控头脑、强健身体和充实心灵以抵御恶劣心境并帮助你给自己的电源充电。我衷心希望你在本书中找到一些有用的方法。

当然，50种方法可能很多，那么我们真正需要做的是什么？如果你想多几分魅力并更有活力，那么我认为你可以专注于五件事情。它们是：

（1）三个R。放松（Relax）、休息（Rest）、充电（Recharge）。如果你想要的话，还有重复（Repeat）。我们的身体承受了太多压力。应该确保你给身体足够的恢复的时间。

（2）用呼吸来处理压力。压力是心理的问题。所以，吸气，吸气！呼气，呼气！你必须专注于更好地呼吸。将气吸入腹部，以让鼻子和嘴巴工作起来。

（3）活动！坐四个多小时会"杀死"你，真的！

（4）你由你自己吃的东西所组成。吃好的东西，你会得到好的东西。

（6）习惯。不要浪费时间，现在是时候开始了。如果你发誓太多、饮酒太多或抽烟太多,也不要绝望,因为不良习惯是可以杜绝的。你可以从本书中选出一些好的习惯。

还没结束

现在找到一把米尺和一把剪刀。

在与你的年龄相对应的刻度上剪断米尺——对我来说是44。

现在,在你可能死亡的年龄对应的刻度上再剪一次。在这个时候,评估一下你的家族史和你当前的生活方式,应该能为你提供帮助,勇敢一点。对我来说,我猜是88岁。所以现在我的米尺一端是44,另一端是88。

现在,这就是你剩下的岁月了(对我来说是44年)。

而你还将花三分之一的时间睡觉。

所以该起床了。

活着

罗马哲学家塞内卡说:"生命,对那些忘记过去、忽视现在和恐惧未来的人来说,是很短暂而焦虑的。但

结语

是，如果你知道如何使用它，生命是很长的。"

正如我们在本书开头所讨论的那样，"幸福"是一个很主观的词语。现在你已经看完了本书，它对你来说意味着什么？你可以将这些感受写下来。

_____

_____

_____

_____

_____

我真的希望这本小书能帮助你将更多幸福、舒适和满足感带到生活中。

为什么？

因为你值得。

现在听我说：如果你只记得本书中的一点，请记住这一点——你是一个活着的人，不只是一个一直在做事的人。

及时行乐，把握光阴，因为时间不等人。

反侵权盗版声明

电子工业出版社依法对本作品享有专有出版权。任何未经权利人书面许可，复制、销售或通过信息网络传播本作品的行为；歪曲、篡改、剽窃本作品的行为，均违反《中华人民共和国著作权法》，其行为人应承担相应的民事责任和行政责任，构成犯罪的，将被依法追究刑事责任。

为了维护市场秩序，保护权利人的合法权益，我社将依法查处和打击侵权盗版的单位和个人。欢迎社会各界人士积极举报侵权盗版行为，本社将奖励举报有功人员，并保证举报人的信息不被泄露。

举报电话：（010）88254396；（010）88258888
传　　真：（010）88254397
E-mail：　dbqq@phei.com.cn
通信地址：北京市万寿路 173 信箱
　　　　　电子工业出版社总编办公室
邮　　编：100036